Dieses Buch gehört:

_____

_____

5 4 3 2 1   28 27 26 25 24

ISBN 978-3-649-64921-2

© 2024 Coppenrath Verlag GmbH & Co. KG,
Hafenweg 30, 48155 Münster, Germany
Grafische Gestaltung: Beate Kahramanlar, TRYXZ-Design
Redaktion: Nina Sträter

Alle Rechte vorbehalten
Die Nutzung des Werkes für das Text- und Data-Mining nach §44b UrhG
ist dem Verlag ausdrücklich vorbehalten und daher verboten,
ausgenommen sind gemeinfreie Textstellen.

www.coppenrath.de

Kribbel krabbel Mäuschen

Die schönsten Fingerspiele, Reime und Lieder

MIT ILLUSTRATIONEN VON JOHANNA RIES

COPPENRATH

GUTEN MORGEN, SONNENSCHEIN
Aufwachen und den Tag begrüßen

10 Guten Morgen
    Guten Morgen, liebe Sonne
11 Kribbel krabbel Mäuschen
    Es war einmal ein Floh
    Da kommt ein Bär
12 Herr Pinz und Herr Panz
    Füßchengekrabbel
    Kniechen knick
13 Der große Zeh
    Guten Morgen, ihr Beinchen!,
    Paula Dehmel
14 Große Uhren machen …
    Schön, dass du da bist!
15 Bruder Jakob
    Es geht ein Mann …
    Kinnewippchen
16 Wie sich Schmetterlinge küssen,
    Jutta Richter
18 Guten-Morgen-Kuss
    Nasenhasenkuss
    Guten Tag, Sonnenschein

ZEIGT HER EURE FÜSSE
Tanzen, hüpfen, lärmen

20 Ringel, Rangel, Rose
    Ringel, Ringel, Reihe
    Ringel, Rangel, Rosen
21 Brüderchen, komm, tanz mit mir
22 Das Karussell
    Leis, leis, leis
    Kletterbüblein, *Friedrich Wilhelm Güll*
23 Taler, Taler, du musst wandern
24 Wer will fleißige Handwerker sehn
26 Ein kleiner Zaubermeister
    In den Brunnen gefallen
27 Mein Hut, der hat drei Ecken
    Es geht eine Zipfelmütz …
28 Unsere Hände sind verschwunden
    Das ist gerade, das ist schief
29 Wie das Fähnchen auf dem Turme
    Mit Fingerchen
30 Zehn kleine Finger

32 Zeigt her eure Füße
33 Hände waschen, Hände waschen …
34 Wie schön, dass du geboren bist,
    Rolf Zuckowski
35 Kräht der Hahn früh am Morgen,
    nach Paula Dehmel
36 Alles, was fliegen kann
    Ein großer runder Luftballon

PIEP, PIEP, PIEP,
WIR HABEN UNS ALLE LIEB
Guten Appetit

38 Morgens früh um sechs
    Keine Lust zu essen?
39 Wir haben Hunger!
    Pizza Massage
40 Das ist der Daumen
    Wir lieben Obst
41 Die zankenden Zwerge
    Wind, Wind, Wind
42 Die Kartoffelernte
    Dich mag ich!, *Frantz Wittkamp*
43 Backe, backe Kuchen
44 Tischsprüche
46 Annele, Bannele
    „Aua!", schreit der Bauer
47 Spannenlanger Hansel
    Meine Mu, meine Mu
    Jakob Zottelbär
48 Herr Löffel und Frau Gabel,
    Christian Morgenstern

KOMMT EIN VOGEL GEFLOGEN
Kleine und große Tiere

50 In unserem Häuschen,
   nach Hoffmann von Fallersleben
   Die Wohnung der Maus, *Johannes Trojan*
51 Bim, bam, bommel
   Wer kommt?
52 Kleine Schnecke
   Sonnenkäfer, *Else Marie Bülau*
53 Im Park, *Joachim Ringelnatz*
   Häschen Löffelohr
54 Die Vogelhochzeit
55 Die lieben Gänslein
   Die Wackelgans
   Oje, oje
56 Alle meine Entchen
57 Kommt ein Vogel geflogen
   Die Fingervögel
58 Warum sich Raben streiten, *Frantz Wittkamp*
59 Zwiegespräch, *Gustav Falke*
   Die fünf Hühnerchen, *Victor Blüthgen*
60 Das Huhn und der Karpfen, *Heinrich Seidel*
61 Im Bächlein
   Fische erwischen!
62 Der Kuckuck und der Esel,
   Hoffmann von Fallersleben
63 Dideldideldänzchen
   Kleiner grauer Esel
   Muh, muh, muh!
64 Der Katzentatzentanz, *Fredrik Vahle*
66 Fränzchens Dackel
   Mein Dackel Waldemar
67 Leise, leise, wie die Kätzchen schleichen
   Ein Bauer hatte einen Hund
68 Was müssen das für Bäume sein
   Ein Federchen flog durch das Land,
   Joachim Ringelnatz
69 Ich bin ein dicker Tanzbär
   Ein Kri-Kra-Krokodil
70 Hoppe, hoppe, Reiter
   Hopp, hopp, hopp
71 Hopp, hopp, hopp, Pferdchen, lauf Galopp!
   Karl Hahn
72 Alle meine Fingerlein wollen heute Tiere sein

HIMPELCHEN UND PIMPELCHEN
Zwerge und andere Märchenwesen

74 Zehn kleine Zappelmänner
   Großer, dicker Zwerg
75 Schnick und Schnack
   Himpelchen und Pimpelchen
76 Wichtchen
   Zauberer Schrappelschrut
77 Bi-Ba-Butzemann
78 Im Lande der Zwerge, *Heinrich Seidel*
   Im Lande der Riesen, *Heinrich Seidel*
79 Oben auf dem Berge
80 Dornröschen war ein schönes Kind
82 Ein sehr kurzes Märchen, *Michael Ende*
   Hänsel und Gretel
83 Ich ging einmal nach Butzlabee
   Eine kleine Hexe
84 Das Hexen-Einmaleins,
   Johann Wolfgang von Goethe
85 Kasperltheater
86 Rolle, Bolle, Rumpelsack

FRÜHLING, SOMMER, HERBST UND WINTER
Von Januar bis Weihnachten

88 Die Monate
Die Jahreszeiten
89 Die vier Brüder, *Karoline Stahl*
90 Alle Vögel sind schon da, *Hoffmann von Fallersleben*
91 Vogelfrühling
Die Knospe
92 Die Tulpe, *Josef Guggenmos*
93 Im Märzen der Bauer
94 Unterm Baum, im grünen Gras
Osterhäschen dort im Grase
95 Ein Osterei
Der Osterhase
96 April, April
Der Mai ist gekommen, *Emanuel Geibel*
97 Muttertagsgedichte
98 Wenn's regnet
Es regnet, es regnet
99 Hundertzwei Gespensterchen, *James Krüss*
100 Es wird wieder schöner sein!
Liebe Sonne, scheine wieder, *Hoffmann von Fallersleben*
101 Trarira, der Sommer, der ist da!
102 Sommer, *Ilse Kleberger*
103 Summ, summ, summ
Mückentanz, *Hoffmann von Fallersleben*
104 Ich hol mir eine Leiter
105 Herbst
Mein Häuschen ist nicht gerade
106 Kinderfest im Herbst, *Hoffmann von Fallersleben*
107 Ich geh mit meiner Laterne
108 Durch die Straßen auf und nieder, *Lieselotte Holzmeister*
Laterne, Laterne
109 Sankt Martin
110 Schneeflöckchen, Weißröckchen
111 Unser Vogelhaus
Die drei Spatzen, *Christian Morgenstern*
112 Puck und Pitz
Der Schneemann
113 A B C, die Katze lief im Schnee
114 Weihnachtsschnee, *Paula Dehmel*
115 Fünf Finger
Fünf kleine Zwerge
116 Knecht Ruprecht, *Theodor Storm*
118 Lasst uns froh und munter sein
119 Das Wunderschloss, *Adolf Holst*
Nikolaus, komm in unser Haus
120 Advent, Advent, ein Lichtlein brennt
Christkindchen
121 Morgen, Kinder, wird's was geben
122 O Tannenbaum
123 In meinem kleinen Apfel
Das Weihnachtsbäumlein, *Christian Morgenstern*
124 Der Weihnachtsmann, *Clement Clarke Moore*
126 Alle Jahre wieder, *Wilhelm Hey*
127 Vom Christkind, *Anna Ritter*
128 In der Neujahrsnacht, *Joachim Ringelnatz*

TUFF, TUFF, TUFF, DIE EISENBAHN
Unterwegs und zu Hause

- 130 Der Gockelhahn
  Auf der Eisenbahn
  Tuff, tuff, tuff, die Eisenbahn
- 131 Schotter fahren
  So fahren die Damen
- 132 Ri, ra, rutsch
- 134 Die Räder am Bus
- 135 Die Maus hat rote Strümpfe an
  Ein Auto fährt
- 136 Das Wandern ist des Müllers Lust
- 137 Hänschen klein
  Die Ameisen, *Joachim Ringelnatz*
- 138 Ein Seehund
  Ein Schiffchen
- 139 Igels machen sonntags früh
- 140 Hab 'ne Tante aus Marokko

**DUNKEL WAR'S,
DER MOND SCHIEN HELLE**
Kichern, rätseln und Quatsch machen

- 142 Dunkel war's, der Mond schien helle
- 143 Drei Hasen tanzen im Mondschein,
  Christian Morgenstern
  Eine Kuh, *Gustav Falke*
  Am Brunnen vor dem Tore
- 144 Mit Knöpfen kann man knöpfen,
  Paul Maar
  Wenn die Möpse Schnäpse trinken,
  James Krüss
- 145 Großus Bärus
  Gedicht in Bi-Sprache,
  Joachim Ringelnatz
- 146 Das Königreich von Nirgendwo,
  James Krüss
- 148 Schüttelreime und Zungenbrecher
- 150 Viele kleine Abzählreime
- 152 Auf einem bi-ba-bunten Berge
  Auf einem Gummi-Gummi-Berg
- 153 Ein Männlein steht im Walde,
  Hoffmann von Fallersleben
- 154 Scherzfragen
- 156 Auf unsrer Wiese gehet was

HEILE, HEILE GÄNSCHEN
Trösten und beruhigen

- 158 Heile, heile Gänschen
  Heile, heile Kätzchen
- 159 Heile, heile Segen
  Drei Tage Sonnenschein
  Genug vom Weinen
- 160 Morgen ist es längst vorbei
  Denkt euch nur, der Frosch ist krank!
  Wo tut's weh?
- 161 Ene, mene, minke, tinke
  Auf dem Berge Sinai
- 162 Mäh, Lämmchen, mäh!
- 163 Häschen in der Grube, *Friedrich Fröbel*
- 164 Schluckauf und ich
  Der klitzekleine Schelm
  Plumps
- 165 Wenn das Lama wütend ist,
  Monika Rieger
- 166 Mutmachsprüche

GUTEN ABEND, GUTE NACHT
Einschlafen und Träumen

- 168 Guten Abend, gut Nacht
- 169 La-Le-Lu, *Heino Gaze*
- 170 Weißt du, wie viel Sternlein stehen?, *Wilhelm Hey*
- 172 Sieben kleine Sterne
- 173 Ich weiß einen Stern,
  Josef Guggenmos
- 174 Ich bin der kleine Hampelmann
- 176 Es wird bald Abend sein
  Ins Bettlein
- 177 Wer hat die schönsten Schäfchen?,
  Hoffmann von Fallersleben
- 178 Die Blümelein, sie schlafen
- 179 Ins Bett geschwind
  Schlaf, mein kleines Mäuschen
  Kommt ein Traum gesegelt
- 180 Schlaf, Kindlein, schlaf
- 181 Still, still, still
- 182 Der Mond ist aufgegangen, *Matthias Claudius*
- 183 Lied vom Monde, *Paula Dehmel*
- 184 Eins, zwei drei, das Spielen ist vorbei
  Wir klatschen jetzt auf Wiedersehn
- 185 Bevor wir auseinandergehn
  Alle Leut, alle Leut

- 186 Register
- 191 Quellenverzeichnis

Guten Morgen, Sonnenschein

Aufwachen und den Tag begrüßen

Guten Morgen

Erst zuwinken, dann mit dem Finger auf sich und das Kind zeigen, anschließend in die Hände klatschen und wieder auf sich und das Kind zeigen.

Guten Morgen, guten Morgen,
wir winken uns zu.
Guten Morgen, guten Morgen,
erst ich und dann du!
Guten Morgen, guten Morgen,
wir klatschen uns zu.
Guten Morgen, guten Morgen,
erst ich und dann du!

Guten Morgen, liebe Sonne

Mit den Händen einen großen Kreis bilden, dann mit dem Finger auf das Gesicht zeigen. Anschließend die Finger als Regen in der Luft tanzen lassen und den Zeigefinger hin- und herbewegen. Für den Wind kräftig pusten und dann mit beiden Händen eine große Bewegung nach außen machen, um die Wolken wegzuschieben. Zum Schluss in die Hände klatschen.

Guten Morgen, liebe Sonne,
komm, zeig dein Gesicht.
Nein, den Regen, nein, den Regen,
den mögen wir nicht.
Sag dem Winde, er soll pusten,
dass die Wolken weiterziehen,
und dann hoff ich, dass wir heute
noch Sonnenschein kriegen.

Kribbel krabbel Mäuschen

Mit den Fingern den Arm des Kindes heraufkrabbeln (Mäuschen), die Finger langsam über den Arm kriechen lassen (Schnecke), anschließend das Kind kitzeln.

Kribbel krabbel Mäuschen,
komm aus deinem Häuschen,
kribbel krabbel Schneckchen,
komm aus deinem Eckchen.
Kribbel krabbel Sonnenschein,
unser Kind will munter sein!

Es war einmal ein Floh

Den Zeigefinger auf dem Bauch des Kindes hüpfen lassen, dem Kind die Hand geben und schütteln.

Es war einmal ein Floh,
der hüpft herum ganz froh,
und weil er dich so mag,
sagt er: „Guten Tag!"

Da kommt ein Bär

Zeigefinger und Mittelfinger wandern am Arm des Kindes langsam und tapsig hoch (Bär). Sie schlüpfen unter den Arm (Maus) und schließlich kitzeln sie unterm Kinn und am Bauch (Floh).

Da kommt ein Bär, der tappt daher.
Da kommt die Maus, die schlüpft ins Haus.
Da kommt ein Floh und der macht so …

Herr Pinz und Herr Panz

Im Liegen: Die Füße des Kindes umfassen. Beim „Tanz" die Beine auf und ab bewegen, beim 1. „SO" die Beine übereinanderschlagen, beim 2. „SO" die Richtung wechseln. Zum Schluss mit beiden Beinen kräftig strampeln.

Herr Pinz und Herr Panz, die gingen zum Tanz,
es gingen zum Tanz Herr Pinz und Herr Panz.
Erst machen sie SO,
dann machen sie SO
und zum Schluss,
da strampeln sie froh.

Füßchengekrabbel

Im Liegen: Die kleine Krabbe ist mit allen Fingern einer Hand unterwegs. So kann sie streicheln, kitzeln und schließlich zärtlich zwacken.

Es krabbelt am Füßchen,
es kitzelt an den Knien,
da kribbelt die Krabbe –
wo krabbelt sie hin?
Zum Mündchen, zum Öhrchen
und über die Backen:
Sie will ja dem Kindlein
die Nasenspitz zwacken.

Kniechen knick

Im Liegen: Dem Kind sachte an den Zehen zupfen, die Füße bewegen, die Knie beugen und das Kind zum Schluss am Bauch kitzeln.

Zehchen lang,
Füßchen gang,
Kniechen knick,
Bäuchlein dick.

Der große Zeh

Im Liegen: Der Reihe nach an allen fünf Zehen des Kinderfußes zupfen. Beim großen Zeh anfangen.

Das ist der große Zeh,
der braucht viel Platz, juchhe.
Das ist der zweite,
der steht ihm zur Seite.
Das ist der dritte,
der steht in der Mitte.
Wer ist denn dieser hier?
Das ist die Nummer vier.
Und das ist der kleine –
keiner ist alleine.

Guten Morgen, ihr Beinchen!

Im Liegen: Erst das rechte und dann das linke Bein, danach den rechten und dann den linken Fuß des Kindes berühren. Danach beide Beine des Kindes hin- und herbewegen, erst langsam, dann schnell.

Guten Morgen, ihr Beinchen!
Wie heißt ihr denn?
Ich heiße Hampel,
ich heiße Strampel;
und das ist Füßchen Übermut,
und das ist Füßchen Tunichtgut!
Übermut und Tunichtgut
gehen auf die Reise,
patsch, durch alle Sümpfe,
nass sind Schuh und Strümpfe;
guckt die Katze um die Eck,
laufen alle beide weg!

PAULA DEHMEL

Große Uhren machen ...

Große Uhren machen
tick-tack, tick-tack.
Kleine Uhren machen
ticke-tacke, ticke-tacke.
Und die ganz kleinen Taschenuhren machen
ticke-tacke, ticke-tacke, ticke-tacke.
Und die Kirchturmuhr macht
ding-dong, ding-dong.
Und die Sanduhr macht
schsch … schsch …
Und die Kuckucksuhr macht
kuckuck-kuckuck.
Und der Wecker, der macht
drrrring, drrrring.

Das Kind auf den Schoß nehmen und hin- und herschaukeln, erst langsam, dann immer schneller. Bei „ding-dong", das Kind hochheben und wieder hinsetzen, bei „schsch …" mit den Fingern vom Kopf bis zu den Beinen streichen, bei „kuckuck" vorsichtig nach vorne fallen lassen und wieder zurückziehen, bei „drrrring" am Bauch kitzeln.

Schön, dass du da bist!

Hallo, hallo, schön, dass du da bist,
hallo, hallo, schön, dich zu sehn.

Dem Kind zuwinken.

Die Hacken und die Spitzen,
die wollen nicht mehr sitzen.

Abwechselnd mit der Hacke und der Fußspitze auf den Boden tippen.

Die Fersen und die Zehen,
die wollen weitergehen.

Auf der Stelle laufen.

Hallo, hallo, schön, dass du da bist,
hallo, hallo, schön, dich zu sehn.

Dem Kind zuwinken.

Bruder Jakob

Bruder Jakob, Bruder Jakob!
Schläfst du noch, schläfst du noch?
Hörst du nicht die Glocken, hörst du nicht die Glocken?
Ding, dang, dong, ding, dang, dong!

Es geht ein Mann …

Mit den Fingern den Arm des Kindes heraufkrabbeln, sanft gegen die Stirn klopfen, am Ohrläppchen zupfen und dann die Nase drücken.

Es geht ein Mann die Treppe rauf,
klopft an,
bimbam:
„Guten Tag, Herr Nasemann!"

Kinnewippchen

Erst das Kinn, dann die Lippen, die Nase, die Augenbrauen und den Kopf zärtlich streicheln.

Kinnewippchen,
rotes Lippchen,
Nuppelnäschen,
Augenbräuchen,
Härchen Zipp.

Wie sich Schmetterlinge küssen

Wie sich Schmetterlinge küssen,
will ich wissen!
Küssen sie sich denn im Fliegen,
wenn sie sich im Winde wiegen?
Oder küssen sie sich auch
auf dem Heckenrosenstrauch?

Wie sich Regenwürmer küssen,
will ich wissen!
Küssen sie sich nur bei Regen,
wenn sie sich im Matsch bewegen?
Oder küssen sie im Garten,
während sie auf Regen warten?

Wie sich Elefanten küssen,
will ich wissen!
Bleiben sie beim Küssen stehn
oder küssen sie im Gehn?
Oder geben sie zum Schluss
sich den großen Rüsselkuss?

Wie sich Turteltauben küssen,
will ich wissen!
Küssen sie sich auf der Stange
oder oben auf dem Dach?
Fliegt das Fräulein Turteltaube
gurrend seinem Liebsten nach?

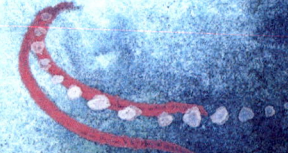

Wie sich Feuerquallen küssen,
will ich wissen!
Wenn sie sich dabei verbrennen,
lassen sie es sicher sein.
Denn ein Feuerquallenkuss,
der muss ganz schön feurig sein.

Wie sich Tintenfische küssen,
will ich wissen!
Spritzen sie dabei mit Tinte?
Wird das Wasser dunkelblau?
Und wie findet dann der Tintenfisch
die Tintenfischefrau?

Wie sich Nasenbären küssen,
will ich wissen!
Ob sie wohl die Nasen reiben
und in ihren Höhlen bleiben?
Vielleicht küssen sie sich auch
auf die Augen und den Bauch.

Wie sich Menschenkinder küssen,
musst du selber wissen!
Wo sie gehn und wo sie stehn,
kannst du Menschen küssen sehn.
Darum gib mir jetzt zum Schluss
einen dicken Menschenkuss!

JUTTA RICHTER

Guten-Morgen-Kuss

Erst das Kind durchkitzeln und anschließend küssen.

Ich glaube, wer so laut lacht,
der ist schon aufgewacht,
darum gibt es jetzt zum Schluss
einen Guten-Morgen-Kuss.

Nasenhasenkuss

Bei „Häschen" mit den Fingern vom Bauch des Kindes zum Kinn krabbeln, bei „Genuss" das Kinn kitzeln und bei „Nasenhasenkuss" Nase an Nase reiben.

Kommt ein kleines Häschen,
das gibt deinem Näschen
mit viel Genuss –
einen Nasenhasenkuss.

Guten Tag, Sonnenschein

(Nach der Melodie von „Hänschen Klein")
Mit den Fingern die Sonnenstrahlen nachahmen und das Kind leicht kitzeln, dann die Hand an die Wange legen und dem Kind einen Kuss geben.

Guten Tag,
Sonnenschein,
warme Strahlen, kommt herein.
Kuschel dich
sanft an mich,
ja, ich liebe dich.

Zeigt her eure Füße

Tanzen, hüpfen, lärmen

Ringel, Rangel, Rose

Kreisspiel:
Bei „Mäh" in
die Hocke gehen.

Ringel, Rangel, Rose,
Butter in der Dose,
Schmalz in dem Kasten,
morgen wollen wir fasten,
übermorgen Lämmlein streicheln,
das soll sagen: Mäh!

Ringel, Ringel, Reihe

Kreisspiel: Bei „husch,
husch, husch" die Hände
loslassen und weglaufen.

Ringel, Ringel, Reihe,
sind der Kinder dreie,
sitzen unterm Hollerbusch,
machen alle husch, husch, husch!

Ringel, Rangel, Rosen

Kreisspiel

Ringel, Rangel, Rosen,
schöne Aprikosen,
Veilchen und Vergissmeinnicht,
alle Kinder drehen sich!

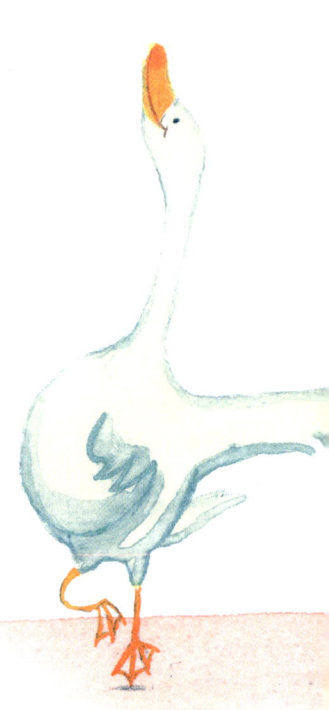

Brüderchen, komm, tanz mit mir

Brü - der - chen, komm, tanz mit mir,
bei - de Hän - de reich ich dir.
Ein - mal hin, ein - mal her,
rund - he - rum, das ist nicht schwer.

Mit den Händchen klapp, klapp, klapp,
mit den Füßchen trapp, trapp, trapp.
Einmal hin, einmal her,
rundherum, das ist nicht schwer.

Mit dem Köpfchen nick, nick, nick,
mit den Fingern tick, tick, tick!
Einmal hin, einmal her,
rundherum, das ist nicht schwer.

Ei, das hast du gut gemacht,
ei, das hätt ich nicht gedacht.
Einmal hin, einmal her,
rundherum, das ist nicht schwer.

Das Karussell

Kreisspiel: Die Kinder halten sich an den Händen und drehen sich erst langsam, dann immer schneller im Kreis. Bei „Anhalten" stoppen und loslassen, bei „Einsteigen" auf der Stelle gehen, bei „Festhalten" wieder an den Händen fassen und erneut im Kreis drehen.

Auf der grünen Wiese steht ein Karussell,
manchmal dreht es langsam,
manchmal dreht es schnell.
Anhalten!
Einsteigen!
Festhalten!
Und looos geht die Fahrt!

Leis, leis, leis

Dem Kind beide Hände reichen und im Kreis drehen.

Leis, leis, leis,
wir machen einen Kreis.
Und vom Anfang bis zum Ende
reichen wir uns jetzt die Hände.
Leis, leis, leis,
wir machen einen Kreis.

Kletterbüblein

Das Kind klettert an dem Erwachsenen hoch, bis es mit einem Überschlag wieder auf dem Boden landet. Mit beiden Händen gut festhalten!

Steigt das Büblein auf den Baum.
O! So hoch, man sieht es kaum!
Schlüpft von Ast zu Ästchen,
hüpft zum Vogelnestchen.
Ui! Da lacht es.
Hui! Da kracht es.
Plumps, da liegt es drunten.

FRIEDRICH WILHELM GÜLL

Taler, Taler, du musst wandern

Ta-ler, Ta-ler, du musst wan-dern, von der ei-nen Hand zur an-dern. Das ist schön, das ist schön, Ta-ler, lass dich ja nicht sehn.

Alle Kinder bilden einen Kreis. Nur ein Kind, der „Fänger", steht in der Mitte. Heimlich reichen die Kinder hinter ihrem Rücken eine kleine Münze von Hand zu Hand. Am Ende des Lieds muss der „Fänger" erraten, wer das Geldstück in Händen hält. Rät er richtig, werden die Plätze getauscht.

Wer will fleißige Handwerker sehn

Wer will flei-ßi-ge Hand-wer-ker sehn,
der muss zu uns Kin-dern gehn.
Stein auf Stein, Stein auf Stein, das
Häus-chen wird bald fer-tig sein.

Die Hände übereinanderschichten.

Wer will fleißige Handwerker sehn,
der muss zu uns Kindern gehn!
O wie fein, o wie fein,
der Glaser setzt die Scheiben ein.
Mit den Armen und Händen ein großes Rechteck in die Luft „malen".

Wer will fleißige Handwerker sehn,
der muss zu uns Kindern gehn!
Tauchet ein, tauchet ein,
der Maler streicht die Wände fein.
Mit einem unsichtbaren Pinsel die Luft anstreichen.

Wer will fleißige Handwerker sehn,
der muss zu uns Kindern gehn!
Zisch, zisch, zisch; zisch, zisch, zisch,
der Tischler hobelt glatt den Tisch.
Beide Arme vorwärts- und rückwärtsbewegen.

Wer will fleißige Handwerker sehn,
der muss zu uns Kindern gehn!
Rühre ein; rühre ein,
der Kuchen wird bald fertig sein.
Mit dem Arm wie in einer Schüssel rühren.

Wer will fleißige Handwerker sehn,
der muss zu uns Kindern gehn!
Stich, stich, stich; stich, stich, stich,
der Schneider näht ein Kleid für mich.
Die Nähbewegung nachahmen.

Wer will fleißige Handwerker sehn,
der muss zu uns Kindern gehn!
Trapp, trapp, drein, trapp, trapp, drein,
jetzt gehn wir von der Arbeit heim.
Auf der Stelle laufen.

Wer will fleißige Handwerker sehn,
der muss zu uns Kindern gehn!
Hopp, hopp, hopp; hopp, hopp, hopp,
jetzt tanzen alle im Galopp.
Durch das Zimmer hüpfen.

Ein kleiner Zaubermeister

Ein kleiner Zaubermeister, der hat großen Spaß,
er hebt geschwind den Zauberstab und schon bist du ein Has.
Ein kleiner Zaubermeister dreht sich einmal rund,
er hebt geschwind den Zauberstab und schon bist du ein Hund.
Ein kleiner Zaubermeister winkt mit seiner Hand,
er hebt geschwind den Zauberstab und schon bist du ein Elefant.
Ein kleiner Zaubermeister wackelt mit dem Po,
er hebt geschwind den Zauberstab und schon bist du ein Floh.
Ein kleiner Zaubermeister zieht seine Nase kraus,
er hebt geschwind den Zauberstab und schon bist du 'ne Maus.
Ein kleiner Zaubermeister sagt: „Lirum larum lo",
er hebt geschwind den Zauberstab und alle tanzen froh.
Ein kleiner Zaubermeister sagt: „Lirum larum lei",
er hebt geschwind den Zauberstab und alles ist vorbei.

Ein Kind, der „Zauberer", verhext die anderen Kinder, indem es kräftig einen Zauberstab schwingt. Die anderen Kinder stellen die genannten Tiere pantomimisch dar.

In den Brunnen gefallen

Ein Kind sitzt in der Mitte des Kreises und ruft:
„Hilfe, ich bin in den Brunnen gefallen!"
Alle Kinder antworten: „Wie tief denn?"
Das Kind antwortet: „… Meter tief!"
Alle Kinder fragen: „Wie können wir dich herausholen?"

Nun denkt sich das Kind in der Mitte etwas aus, was die anderen Kinder pantomimisch darstellen sollen, z. B. Fahrrad fahren, Zähne putzen, Buch lesen oder Ähnliches. Das Kind in der Mitte darf sich nun seinen Retter aussuchen und mit ihm den Platz tauschen.

Mein Hut, der hat drei Ecken

Mein Hut, der hat drei Ecken,
drei Ecken hat mein Hut.
Und hätt er nicht drei Ecken,
so wär er nicht mein Hut.

Mit dem Zeigefinger bei „mein" auf sich selbst zeigen, bei „Hut" mit einer Hand an den Kopf fassen, drei Finger zeigen bei „drei", mit einer Hand den anderen Ellenbogen bei „Ecken" berühren und bei „nicht" den Kopf schütteln.

Es geht eine Zipfelmütz ...

Es geht eine Zipfelmütz in unserm Kreis herum, widebum,
es geht eine Zipfelmütz in unserm Kreis herum.
Dreimal drei ist neune, du weißt ja, was ich meine,
dreimal drei und eins ist zehn, Zipfelmütz, bleib stehn, bleib stehn.
Sie rüttelt sich, sie schüttelt sich, sie wirft die Beine hinter sich.
Sie klatschen in die Hand, wir beide sind verwandt.

Alle Kinder gehen im Kreis. Ein Kind geht als Zipfelmütze innerhalb des Kreises in entgegengesetzter Richtung. Beim letzten „bleib stehn" bleiben alle stehen. Die Zipfelmütze macht jetzt alle im Lied genannten Bewegungen nach, dann klatscht sie das ihr gegenüberstehende Kind ab und bei „wir beide" haken sich beide Kinder ein und tanzen umeinander. Anschließend gehen zwei Zipfelmützen im Kreis umher usw.

Unsere Hände sind verschwunden

Unsere Hände sind verschwunden,
wir sehen die Hände nicht mehr.
Hände, wo seid ihr? Hier!
Ei, da sind die Hände wieder,
trallallallallallala!

Unsere Füße sind verschwunden …
Unsere Ohren sind verschwunden …
Die Bauklötze sind verschwunden …

Die Hände hinter dem Rücken verstecken, bei „Hier!" wieder hervorziehen und bei „trallalla" klatschen. Füße, Ohren, Spielzeuge etc. kann man mit den Händen oder einem Tuch abdecken und wieder hervorzeigen.

Das ist gerade, das ist schief

Das ist gerade und das ist schief,
das ist hoch und das ist tief,
das ist dunkel und das ist hell,
das ist langsam und das ist schnell.

Im Stehen: Die Arme ausbreiten und erst gerade, dann schief halten. Anschließend auf die Zehenspitzen stellen und bücken, danach die Augen zuhalten und wieder öffnen. Zum Schluss auf der Stelle laufen, erst langsam, dann schnell.

Wie das Fähnchen auf dem Turme

Beim Singen drehen sich beide Hände.

Wie das Fähnchen auf dem Turme
sich kann drehn bei Wind und Sturme,
so sollen sich meine Händchen drehn,
dass es eine Lust ist anzusehn.

Mit Fingerchen

Im Sitzen:
Erst mit den Zeigefingern, dann mit der flachen Hand, mit der Faust und mit dem Ellenbogen auf den Boden oder Tisch klopfen und in die Hände klatschen. Anschließend die beschriebenen Gesten nachahmen und vorsichtig umfallen lassen.

Mit Fingerchen, mit Fingerchen,
mit flacher, flacher Hand.
Mit Fäusten, mit Fäusten,
mit Ellenbogen, klatsch, klatsch, klatsch.
Leg die Hände auf den Kopf,
form daraus einen Blumentopf.
Leg die Finger zu 'ner Brille,
sei danach ein Weilchen stille.
Piff, paff, bum –
jetzt fallen wir alle um.

Zehn kleine Finger

Bei allen Strophen erst die Anzahl der Finger zeigen und dann die jeweiligen Bewegungen (streicheln, zupfen, klopfen ...) mit beiden Händen ausführen.

Zehn kleine Finger,
die streicheln deine Haut.
Einer macht nicht mit,
der hat sich nicht getraut.

Neun kleine Finger,
die ziehn an deinem Bein.
Einer wird müde,
er gähnt und schläft fix ein.

Acht kleine Finger,
die streicheln deinen Fuß.
Einer bleibt unten
und schickt dir einen Gruß.

Sicben kleine Finger,
die toben auf dem Bauch.
Einer hüpft zu hoch
und löst sich auf in Rauch.

Sechs kleine Finger,
die kitzeln sanft dein Kinn.
Einer passt nicht auf,
der stolpert und knallt hin.

Fünf kleine Finger,
die nimmst du auf den Arm.
Einer legt sich hin,
dem wird es hier zu warm.

Vier kleine Finger,
die spieln im Haar Versteck.
Einer läuft zu weit
und bleibt ganz einfach weg.

Drei kleine Finger,
die wolln zur Stirne gehn.
Einer bleibt zurück
und wird nicht mehr gesehn.

Zwei kleine Finger,
die tanzen auf der Hand.
Einer blödelt rum
und springt dabei vom Rand.

Ein kleiner Finger
versteckt sich dort im Ohr.
Er lässt dich fragen:
Hast du heut schon etwas vor?

Zeigt her eure Füße

Zeigt her eure Füße, zeigt her eure Schuh
und sehet den fleißigen Waschfrauen zu.
Zeile 2 x singen   Sie waschen, sie waschen, sie waschen den ganzen Tag.

Zeigt her eure Füße ...
2 x   Sie wringen, sie wringen, sie wringen den ganzen Tag.

Zeigt her eure Füße ...
2 x   Sie schwatzen, sie schwatzen, sie schwatzen den ganzen Tag.

Zeigt her eure Füße ...
2 x   Sie hängen, sie hängen, sie hängen den ganzen Tag.

Zeigt her eure Füße ...
2 x   Sie legen, sie legen, sie legen den ganzen Tag.

Zeigt her eure Füße ...
2 x   Sie bügeln, sie bügeln, sie bügeln den ganzen Tag.

Zeigt her eure Füße ...
2 x   Sie tanzen, sie tanzen, sie tanzen den ganzen Tag.

Zeigt her eure Füße ...
2 x   Sie ruhen, sie ruhen, sie ruhen den ganzen Tag.

Bei jeder Strophe die jeweiligen Bewegungen der Waschfrauen nachahmen.

Hände waschen, Hände waschen …

Beide Hände werden wie beim Waschen aneinandergerieben. Bei „… doch leider ist kein Handtuch da" mit den Schultern zucken und anschließend die Hände kräftig schütteln. Bei den folgenden Strophen das Gleiche mit den Füßen und den Haaren/dem Kopf wiederholen.

Hände waschen, Hände waschen
muss ein jedes Kind.
Hände waschen, Hände waschen,
bis sie sauber sind.
Nun sind die Hände sauber, ja,
doch leider ist kein Handtuch da.
Drum müssen wir sie schütteln,
schütteln, schütteln, schütteln.
Drum müssen wir sie schütteln,
bis dass sie trocken sind.

Füße waschen …
Haare waschen …

Wie schön, dass du geboren bist

Heute kann es regnen, stürmen oder schnein,
denn du strahlst ja selber wie der Sonnenschein.
Heut ist dein Geburtstag, darum feiern wir.
Alle deine Freunde freuen sich mit dir,
alle deine Freunde freuen sich mit dir.

Wie schön, dass du geboren bist,
wir hätten dich sonst sehr vermisst.
Wie schön, dass wir beisammen sind.
Wir gratulieren dir, Geburtstagskind.

Unsre guten Wünsche haben ihren Grund:
Bitte bleib noch lange glücklich und gesund.
Dich so froh zu sehen, ist, was uns gefällt.
Tränen gibt es schon genug auf dieser Welt,
Tränen gibt es schon genug auf dieser Welt.

Wie schön, dass du …

Montag, Dienstag, Mittwoch, das ist ganz egal,
dein Geburtstag kommt im Jahr doch nur einmal.
Darum lasst uns feiern, dass die Schwarte kracht!
Heute wird getanzt, gesungen und gelacht,
heute wird getanzt, gesungen und gelacht.

Wie schön, dass du …

ROLF ZUCKOWSKI

Kräht der Hahn früh am Morgen

Kräht der Hahn früh am Morgen,
krähet laut, krähet weit:
Guten Morgen, liebe/r …
dein Geburtstag ist heut!

Den Namen des Kindes einsetzen.

Guckt das Eichhörnchen runter:
Wenig Zeit, wenig Zeit!
Guten Morgen …

Kommt das Häschen gesprungen,
macht Männchen vor Freud:
Guten Morgen …

Steht der Kuchen auf dem Tische,
macht sich dick, macht sich breit:
Guten Morgen …

Und Vater und Mutter,
alle Kinder, alle Leut
rufen: Hoch lebe …
sein/ihr Geburtstag ist heut!

NACH PAULA DEHMEL

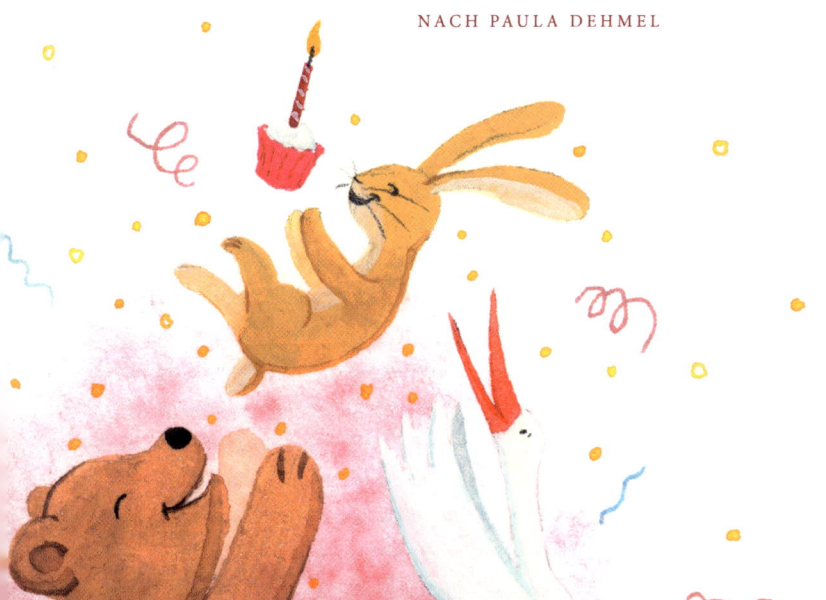

Alles, was fliegen kann

Mit den Zeigefingern auf dem Tisch trommeln, bei „hoch" die Hände über den Kopf nehmen. Wenn etwas nicht fliegen kann (Hund, Tassen...), müssen die Hände unten bleiben, sonst scheidet man aus. Gut mit vielen Kindern spielbar.

Alle Vögelchen fliegen ... hoch!
Alle Schmetterlinge fliegen ... hoch!
Alle Marienkäfer fliegen ... hoch!
Alle Bienchen fliegen ... hoch!
Alle Luftballons fliegen ... hoch!
Alle Raketen fliegen ... hoch!
...
Alle Hunde ...
Alle Tassen ...

Ein großer runder Luftballon

Mit den Händen einen Luftballon zeigen, dann eine Hand über die andere setzen, um das Hochsteigen nachzuahmen. Anschließend pantomimisch am Band ziehen und zum Schluss in die Hände klatschen.

Ein großer, ein runder,
ein roter Luftballon
steigt langsam in die Höhe,
gleich fliegt er mir davon.
Doch an der Schnur, der langen,
da hol ich ihn zurück.
Jetzt hab ich ihn gefangen,
da hab ich aber Glück.

Piep, piep, piep, wir haben uns alle lieb

Guten Appetit

Morgens früh um sechs

Morgens früh um sechs
kommt die kleine Hex.
Morgens früh um sieben
schabt sie gelbe Rüben.
Morgens früh um acht
wird Kaffee gemacht.
Morgens früh um neun
geht sie in die Scheun.
Morgens früh um zehn
hackt sie Holz und Spän,
feuert an um elf,
kocht dann bis um zwölf
Fröschebein und Krebs und Fisch.
Hurtig, Kinder, kommt zu Tisch!

Keine Lust zu essen?

Wenn mein Kind nicht essen will,
ruf ich her die Spatzen,
fliegen sie aufs Fensterbrett,
ei, und werden schmatzen!

Wenn mein Kind nicht essen will,
ruf ich in den Keller,
unsere Katze leckt geschwind
leer den ganzen Teller.

Wir haben Hunger!

Wir haben Hunger, Hunger, Hunger,
haben Hunger, Hunger, Hunger,
haben Hunger, Hunger, Hunger,
haben Durst.
Wenn wir nichts kriegen, kriegen, kriegen,
fangen wir Fliegen, Fliegen, Fliegen,
fangen wir Fliegen, Fliegen, Fliegen
von der Wand.
Wenn die nicht schmecken, schmecken, schmecken,
essen wir Schnecken, Schnecken, Schnecken,
essen wir Schnecken, Schnecken, Schnecken
ohne Haus.

Pizza-Massage

Das Kind liegt auf dem Bauch und wird wie im Text massiert: Erst vorsichtig den Rücken kneten, sanft darüber rollen, streicheln. Beim Belegen mit einzelnen Fingern auf den Rücken tupfen und beim Käse dann alle Finger einsetzen. Zum Schluss mit beiden Händen von unten nach oben über den Rücken streichen.

Heute wollen wir Pizza backen.
Lass uns zuerst den Teig kneten.
Dann wollen wir ihn ausrollen
und mit Tomatensoße bestreichen.
Anschließend belegen wir den Teig mit
Salami, Pilzen, Paprika, Thunfisch …
Zum Schluss streuen wir noch Käse darüber.
Dann kommt die Pizza in den Ofen – fertig!

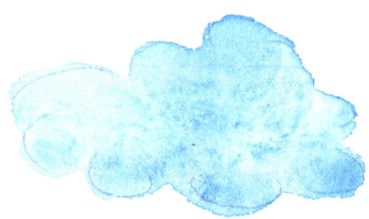

Das ist der Daumen

Der Reihe nach an allen fünf Fingern
der Kinderhand leicht zupfen.
Mit dem Daumen beginnen.

Das ist der Daumen,
der schüttelt die Pflaumen,
der liest sie auf,
der trägt sie nach Haus
und der Kleine isst sie alle, alle auf.

Wir lieben Obst

Während das Obst aufgezählt wird,
mit dem Zeigefinger der einen Hand
der Reihe nach alle Finger
der anderen Hand antippen.
Zum Schluss aus der einen Hand
ein Körbchen formen und
mit den Fingern der anderen
Hand hineintippen.

Schau mal, unsere Fingerlein
kaufen heut zusammen ein.
Der Erste kauft sich Äpfel,
der Zweite sucht sich Pflaumen aus,
der Dritte nimmt die Kirschen,
der Vierte holt die Birnen raus.
Und der Kleine macht's ganz fein:
kauft sich heute Beeren ein.
Am Ende legen die Fingerlein
das Obst zusammen ins Körbchen rein.

Die zankenden Zwerge

Die Fäuste übereinanderstapeln (Berg), alle fünf Finger zeigen (Zwerge), mit den Armen einen Kreis darstellen (Kloß), die Finger einer Hand durchzählen (beim Daumen anfangen), am Schluss mit dem kleinen Finger wackeln.

Dort oben auf dem Berge,
da ist der Teufel los,
da zanken sich fünf Zwerge
um einen dicken Kloß.
Der erste will ihn haben,
der zweite lässt ihn los,
der dritte fällt in'n Graben,
dem vierten platzt die Hos.
Der fünfte schnappt den Kloß
und isst ihn auf mit Soß.

Wind, Wind, Wind

Die Unterarme werden umeinander gedreht, je mehr das Kind pustet, umso schneller drehen sich die Arme.

Die Windmühle braucht Wind, Wind, Wind,
sonst geht sie nicht geschwind, schwind, schwind.
Das Korn wird Mehl, das Mehl wird Brot.
Und Brot tut allen Menschen not!
Drum braucht die Mühle Wind, Wind, Wind,
sonst geht sie nicht geschwind, schwind, schwind!

Die Kartoffelernte

Alle fünf Finger einer Hand benennen (beim Daumen anfangen).

Fünf Buben sind zum Acker gerannt,
Kartoffeln buddeln mit fleißiger Hand.
Der erste steckt den Spaten rein:
Wie kann die Erde so hart nur sein?
Der zweite packt an beim Kartoffelstrauch,
da rutscht er aus und fliegt auf den Bauch.
Der dritte, der hackt mit der Hacke schwer:
Ich finde keine Kartoffeln mehr.
Der vierte ruft: Wir gehen nach Haus,
wir holen doch keine Kartoffeln raus.
Und der fünfte? Der kleine Mann,
der gräbt und gräbt, schau den mal an.
Der holt einen großen Korb herbei,
da essen sie alle Kartoffelbrei.

Dich mag ich!

Ob Erdbeer- oder Himbeertorte,
ich liebe Kuchen, jede Sorte.
Ich mag auch gerne Bienenstich.
Am liebsten aber mag ich dich.

FRANTZ WITTKAMP

Backe, backe Kuchen

Ba-cke, ba-cke Ku-chen, der Bä-cker hat ge-ru-fen! Wer will gu-ten Kuchen ba-cken, der muss ha-ben sie-ben Sa-chen:
Ei - er und Schmalz, Sa-fran macht den
But - ter und Salz,
Milch und Mehl,
Ku-chen gehl. Schieb, schieb in O-fen rein!

Im Rhythmus des Liedes in die Hände klatschen,
zuletzt mit beiden Händen eine Schiebebewegung machen.

Tischsprüche

Piep, piep, Mäuschen,
bleib in deinem Häuschen.
Wir essen unsren Teller leer,
da bleibt für dich kein Krümel mehr.
Widewidewitt – guten Appetit.

Rolle, rolle, roll,
der Tisch, der ist schon voll!
Der Bauch, der ist noch leer
und brummt wie ein Bär!
Er brummt wie ein Brummer,
denn wir haben Hunger!

Bescheidenheit, Bescheidenheit,
verlass mich nicht bei Tische,
gib acht, dass ich zu jeder Zeit
das größte Stück erwische.

Wir geben uns die Hände,
nach guter alter Sitt,
und wünschen uns zum Essen
recht guten Appetit.
Mahlzeit!

Stöffel, Pantöffel,
nimm den Löffel –
und iss!

Piep, piep, piep,
wir haben uns alle lieb!
Jeder isst, so viel er kann,
nur nicht seinen Nebenmann.
Piep, piep, piep,
guten Appetit!

Schwimmt der Wal durch den Kakao,
ist er braun und nicht mehr blau.
Schwimmt er dann durchs Wasser,
wird er immer blasser.
Alle sprechen mit:
Guten Appetit!

Kennt ihr schon die Hexenbraut
Pimpinelle Zwiebelhaut?
Rückwärts kriecht sie aus dem Bett,
schrubbt sich ab mit Stiefelfett.
Kocht sich Seifenblasentee,
futtert Spinnen in Gelee.
Fliegenbein und Tintenkleckse,
ja, das mag die kleine Hexe.
Guten Appetit!

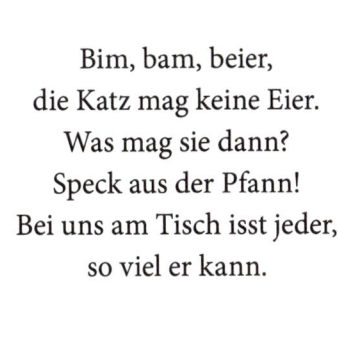

Bim, bam, beier,
die Katz mag keine Eier.
Was mag sie dann?
Speck aus der Pfann!
Bei uns am Tisch isst jeder,
so viel er kann.

Annele, Bannele

Dem Kind die Hände reichen und im Rhythmus des Liedes mit den Armen schwingen.

Annele, Bannele
geht in'n Laden,
will für 'n Dreier Käse haben.
Für 'n Dreier Käse gibt es nicht,
Annele, Bannele ärgert sich.
Allerschönste Puppe,
lange nicht gesehn,
koch mir eine Suppe.
Ja, es soll geschehn!
Für ein' Dreier Zucker,
für ein' Dreier Bier,
allerschönste Puppe,
komm und tanz mit mir!

„Aua", schreit der Bauer

„Aua", schreit der Bauer,
die Äpfel sind zu sauer.
Die Birnen sind zu süß,
morgen gibt's Gemüs,
übermorgen Sauerkraut,
dann ist der ganze Tisch versaut.

Spannenlanger Hansel

Spannenlanger Hansel,
nudeldicke Dirn,
gehn wir in den Garten,
schütteln wir die Birn'.
Schüttel ich die großen,
schüttelst du die klein'.
Wenn das Säckchen voll ist,
gehn wir wieder heim.

Meine Mu, meine Mu

Meine Mu, meine Mu, meine Mutter schickt mich her,
ob der Ku, ob der Ku, ob der Kuchen fertig wär?
Wenn er no, wenn er no, wenn er noch nicht fertig wär,
käm ich mo, käm ich mo, käm ich morgen wieder her.

Jakob Zottelbär

Jakob hat kein Brot im Haus,
Jakob macht sich gar nichts draus,
Jakob hin, Jakob her,
Jakob ist ein Zottelbär.

Herr Löffel und Frau Gabel

Herr Löffel und Frau Gabel,
die zankten sich einmal.
Der Löffel sprach zur Gabel:
„Frau Gabel, halt den Schnabel,
du bist ja bloß aus Stahl."

Frau Gabel sprach zum Löffel:
„Ihr seid ein großer Töffel
mit eurem Gesicht aus Zinn,
und wenn ich euch zerkratze
mit meiner Katzentatze,
ist eure Schönheit hin!"

CHRISTIAN MORGENSTERN

Kommt ein Vogel geflogen

Kleine und große Tiere

In unserem Häuschen

Mit allen Fingern die Arme des Kindes heraufkrabbeln und bei der letzten Zeile blitzschnell die Hände hinter dem eigenen Rücken verstecken.

In unserem Häuschen
sind schrecklich viel Mäuschen.
Sie zippeln und zappeln,
sie trippeln und trappeln,
sie stehlen und naschen
und will man sie haschen –
husch, sind sie alle weg!

NACH HOFFMANN VON FALLERSLEBEN

Die Wohnung der Maus

Ich frag die Maus:
„Wo ist dein Haus?"
Die Maus darauf erwidert mir:
„Sag's nicht der Katz, so sag ich's dir.
Treppauf, treppab,
erst rechts, dann links,
dann wieder rechts
und dann gradaus –
da ist mein Haus,
du wirst es schon erblicken;
die Tür ist klein
und trittst du ein,
vergiss nicht, dich zu bücken."

JOHANNES TROJAN

Bim, bam, bommel

Mit den Händen auf den Boden oder den Tisch trommeln, anschließend mit den Fingern durch die Luft tanzen und zum Schluss mit den Füßen auf dem Boden trampeln.

Bim, bam, bommel,
die Katze schlägt die Trommel.
Zehn kleine Mäuschen
tanzen in der Reih
und die ganze Erde
donnert dabei.

Wer kommt?

Mit den Händen ein Hausdach formen, dann eine Brücke, schließlich das Kind kitzeln.

Kommt eine Maus,
baut ein Haus.
Kommt eine Mücke,
baut eine Brücke.
Kommt ein Floh,
der macht so.

Kleine Schnecke

Nach der Melodie von „Bruder Jakob". Mit den Fingern den Arm des Kindes herauf- und wieder herunterkrabbeln. Zum Schluss den Bauch kitzeln. Für den Käfer mit der Hand um das Kind herumfliegen, mit den Fingern Punkte in die Luft tupfen und zum Schluss mitzählen.

Kleine Schnecke, kleine Schnecke,
kriecht herauf, kriecht herauf,
kriecht auch wieder runter, kriecht auch wieder runter,
kitzelt dich am Bauch, kitzelt dich am Bauch.

Kleiner Käfer, kleiner Käfer,
fliegt vorbei, fliegt vorbei,
zeigt uns seine Punkte, zeigt uns seine Punkte,
eins, zwei, drei, eins, zwei, drei.

Sonnenkäfer

Mit Zeige- und Mittelfinger erst den einen, dann den anderen Arm des Kindes heraufkrabbeln, bei „und hinterdrein" mit allen Fingern über den Oberkörper hüpfen. In der zweiten Strophe mit beiden Zeigefingern die Punkte auf den Bauch des Kindes tupfen, bei „und machen" von der einen Hand des Kindes über die Arme bis zur anderen Hand „spazieren".

Erst kommt der Sonnenkäferpapa,
dann kommt die Sonnnenkäfermama
|: und hinterdrein, ganz klitzeklein,
die Sonnenkäferkinderlein. :|

Sie haben rote Röckchen an,
mit kleinen schwarzen Punkten dran.
|: Sie machen ihren Sonntagsgang
auf unsrer Fensterbank entlang. :|

ELSE MARIE BÜLAU

Im Park

Ein ganz kleines Reh stand am ganz kleinen Baum
still und verklärt wie ein Traum.
Das war des Nachts elf Uhr zwei.
Und dann kam ich um vier
morgens wieder vorbei,
und da träumte noch immer das Tier.
Nun schlich ich mich leise – ich atmete kaum –
gegen den Wind an den Baum
und gab dem Reh einen ganz kleinen Stips.
Und da war es aus Gips.

JOACHIM RINGELNATZ

Häschen Löffelohr

Das kleine Häschen Löffelohr
schaut hinter einem Kohlblatt vor.
Die Ohren wackeln – dass ihr's wisst,
wie's grad von einem Kohlblatt frisst.
Und wenn wir still sind und nicht plappern,
dann hören wir das Häschen knabbern.
Doch biegen wir das Blatt beiseite,
da sucht das Häschen schnell das Weite!

Eine Hand formt das Kohlblatt, die andere Hand bildet eine Faust mit abgespreiztem Mittel- und Zeigefinger und versteckt sich als „Häschen" hinter dem „Kohlblatt". Die Knabbergeräusche nachahmen. Wenn das „Kohlblatt" weggezogen wird, versteckt sich das „Häschen" schnell hinter dem eigenen Rücken.

Die Vogelhochzeit

Ein Vogel wollte Hochzeit machen
in dem grünen Walde.
Fiderallala, fiderallala, fiderallalalala.

Die Drossel war der Bräutigam,
die Amsel war die Braute.
Fiderallala, fiderallala, fiderallalalala.

Die Gänse und die Anten,
die warn die Musikanten.
Fiderallala, fiderallala, fiderallalalala.

Der Kuckuck schreit, der Kuckuck schreit,
er bringt der Braut das Hochzeitskleid.
Fiderallala, fiderallala, fiderallalalala.

Die Lerche, die Lerche,
die führt die Braut zur Kerche.
Fiderallala, fiderallala, fiderallalalala.

Der Auerhahn, der Auerhahn,
der war der stolze Herr Kaplan.
Fiderallala, fiderallala, fiderallalalala.

Der Pfau mit seinem bunten Schwanz
macht mit der Braut den ersten Tanz.
Fiderallala, fiderallala, fiderallalalala.

Die Vogelhochzeit ist nun aus,
die Vögel fliegen all nach Haus.
Fiderallala, fiderallala, fiderallalalala.

Die lieben Gänslein

Eiapopeia, was raschelt im Stroh?
Das sind die lieben Gänslein,
die haben keine Schuh.
Der Schuster hat's Leder,
keine Leisten dazu,
drum kann er den Gänslein
auch machen keine Schuh!

Die Wackelgans

Die Tätigkeiten der Gans werden mit den Händen gespielt und zur letzten Zeile wird in die Hände geklatscht.

Die Wi-Wa-Wackelgans
wackelt mit dem Wackelschwanz.
Mit dem Schnabel kann sie schnattern.
Mit den Flügeln kann sie flattern.
Schwimmen kann sie durch den Graben.
Ei, die Gans, die möcht ich haben.

Oje, oje

Ein Huhn, das fraß,
man glaubt es kaum,
ein Blatt von einem Gummibaum.
Dann ging es in den Hühnerstall
und legte einen Gummiball.

Alle meine Entchen

Alle meine Entchen
schwimmen auf dem See,
Köpfchen in das Wasser,
Schwänzchen in die Höh.

Alle meine Täubchen
gurren auf dem Dach,
fliegt eins in die Lüfte,
fliegen alle nach.

Alle meine Hühner
scharren in dem Stroh,
finden sie ein Körnchen,
sind sie alle froh.

Alle meine Gänschen
watscheln durch den Grund,
suchen in dem Tümpel,
werden kugelrund.

Kommt ein Vogel geflogen

Kommt ein Vogel geflogen, setzt sich
nieder auf mein' Fuß, hat ein Brieflein im
Schnabel, von der Mutter ein Gruß.

Lieber Vogel, flieg weiter,
nimm ein' Gruß mit und ein' Kuss.
Denn ich kann dich nicht begleiten,
weil ich hierbleiben muss.

Die Fingervögel

Alle meine Fingerlein wollen heute Vögel sein.
Sie fliegen hoch, sie fliegen nieder,
sie fliegen fort, sie kommen wieder.
Sie bauen sich im Wald ein Nest,
dort schlafen sie dann tief und fest.

Alle zehn Finger bewegen sich hin und her, bei „hoch" beide Arme nach oben strecken, bei „nieder" wieder senken. Anschließend die Hände hinter dem Rücken verstecken und dann wieder zeigen. Bei der letzten Zeile die Hände falten und die Finger nicht mehr bewegen.

Warum sich Raben streiten

Weißt du, warum sich Raben streiten?
Um Würmer und Körner und Kleinigkeiten,
um Schneckenhäuser und Blätter und Blumen
und Kuchenkrümel und Käsekrumen
und darum, wer recht hat und unrecht, und dann
auch darum, wer schöner singen kann.
Mitunter streiten sich Raben wie toll
darum, wer was tun und lassen soll,
und darum, wer Erster ist, Letzter und Zweiter
und Dritter und Vierter und so weiter.
Raben streiten um jeden Mist.
Und wenn der Streit mal zu Ende ist,
weißt du, was Raben dann sagen?
Komm, wir wollen uns wieder vertragen!

FRANTZ WITTKAMP

Zwiegespräch

Guten Morgen, Fräulein Huhn!
Guten Morgen, Herr Hahn!
Was gedenken Sie zu tun?
Das geht Sie nichts an.
Wollen wir nicht etwas promenieren?
Danke, ich kann allein spazieren.
Sie haben wohl heute nicht gut geruht?
Oder macht's Ihnen böses Blut,
dass Sie noch keinen Regenwurm fanden?
Offen gestanden,
ich finde, Sie sind sehr aufdringlich, Sie!
Dumme Gans! Kikeriki.

GUSTAV FALKE

Die fünf Hühnerchen

Ich war mal in dem Dorfe,
da gab es einen Sturm.
Da zankten sich fünf Hühnerchen
um einen Regenwurm.

Und als kein Wurm mehr war zu sehn,
da sagten alle: Piep!
Da hatten die fünf Hühnerchen
einander wieder lieb.

VICTOR BLÜTHGEN

Das Huhn und der Karpfen

Auf einer Meierei,
da war einmal ein braves Huhn,
das legte, wie die Hühner tun,
an jedem Tag ein Ei
und kakelte,
mirakelte,
spektakelte,
als ob's ein Wunder sei.

Es war ein Teich dabei,
darin ein braver Karpfen saß
und stillvergnügt sein Futter fraß,
der hörte das Geschrei:
Wie's kakelte,
mirakelte,
spektakelte,
als ob's ein Wunder sei.

Da sprach der Karpfen: „Ei!
Alljährlich leg ich 'ne Million
und rühm mich dess' mit keinem Ton;
wenn ich um jedes Ei
so kakelte,
mirakelte,
spektakelte –
was gäb's für ein Geschrei!"

HEINRICH SEIDEL

Im Bächlein

Beide Handflächen aneinanderlegen und die Bewegungen der Fischlein nachahmen, am Ende den Zeigefinger auf die Lippen legen.

Lustig im klaren Bächlein
spielen die Fischlein,
sie schwimmen darin herum,
bald sind sie grad,
bald sind sie krumm,
aber immer sind die Fischlein stumm.

Fische erwischen!

Alle Kinder legen die Hände mit der Handfläche auf den Tisch, der „Fischer" kreist mit seinen Händen über den Kinderhänden und versucht, bei „Nur dich" eine Hand zu erwischen. Gelingt es, ist das Kind, dessen Hand geschnappt wurde, ausgeschieden.

Ich hab gefischt,
ich hab gefischt,
ich hab die ganze Nacht gefischt –
und keinen Fisch erwischt!
Nur dich!

Der Kuckuck und der Esel

Der Ku-ckuck und der E-sel, die hat-ten ei-nen Streit: Wer wohl am bes-ten sän-ge, wer wohl am bes-ten sän-ge zur schö-nen Mai-en-zeit, zur schö-nen Mai-en-zeit.

Der Kuckuck sprach: „Das kann ich!",
und fing gleich an zu schrein.
„Ich aber kann es besser, ich aber kann es besser",
fiel gleich der Esel ein, fiel gleich der Esel ein.

Das klang so schön und lieblich,
so schön von fern und nah;
sie sangen alle beide, sie sangen alle beide:
„Kuckuck, kuckuck, i-a, i-a, kuckuck, kuckuck, i-a."

HOFFMANN VON FALLERSLEBEN

Dideldideldänzchen

Dem Kind wird im Takt jeder Zeile leicht in die Hand geklatscht und bei der letzten Zeile die Handfläche gekitzelt.

Da hast 'nen Taler,
geh auf den Markt,
kauf dir 'ne Kuh
und ein Kälbchen dazu.
Das Kälbchen hat ein Schwänzchen,
macht dideldideldänzchen.

Kleiner grauer Esel

Ein kleiner grauer Esel,
der wandert durch die Welt.
Er wackelt mit dem Hinterteil,
so wie es ihm gefällt.
I-a, i-a, i-a!

Muh, muh, muh!

Muh, muh, muh!
So ruft im Stall die Kuh.
Sie gibt uns Milch und Butter,
wir geben ihr das Futter.
Muh, muh, muh!
So ruft im Stall die Kuh.

Der Katzentatzentanz

Guck, die Katze tanzt allein,
tanzt und tanzt auf einem Bein.

Kam der Igel zu der Katze:
„Bitte reich mir deine Tatze."
„Mit dem Igel tanz ich nicht,
ist mir viel zu stachelig!"

Kam der Hase zu der Katze:
„Bitte reich mir deine Tatze."
„Mit dem Hasen tanz ich nicht,
ist mir viel zu zappelig!"

Kam der Hamster zu der Katze:
„Bitte reich mir deine Tatze."
„Mit dem Hamster tanz ich nicht,
ist mir viel zu pummelig!"

Kam der Hofhund zu der Katze:
„Bitte reich mir deine Tatze."
„Mit dem Hofhund tanz ich nicht,
denn der brüllt so fürchterlich!"

Kam der Kater zu der Katze,
reichte ihr ganz lieb die Tatze.
Streichelt sie und küsst sie sacht
und schon hat sie mitgemacht.

Und dann tanzen sie zu zwein
über Stock und über Stein.
Jede Maus im Mauseloch
ruft: „Ein Glück, sie tanzen noch!"

FREDRIK VAHLE

Fränzchens Dackel

Alle fünf Finger
einer Hand
nacheinander zeigen
(beim Daumen beginnen).

Fünf Hündchen hat der Franz:
Eins wedelt mit dem Schwanz.
Eins geht wickel, wackel,
das ist des Fränzchens Dackel.
Das ist der Spitz, der brave,
der hütet ihm die Schafe.
Eins hält in dunkler Nacht
auf Fränzchens Hofe Wacht.
Und eins, das liebe kleine,
führt Fränzchen an der Leine.

Mein Dackel Waldemar

„Zwei" und „drei"
mit den Fingern zeigen,
danach einmal im Kreis
drehen und anschließend
mit den Knien wackeln.

Mein Dackel Waldemar und ich, wir zwei,
wir wohnen Regenbogengasse drei,
und wenn wir abends eine Runde drehn,
dann kann man Dackelbeine wackeln sehn.

Leise, leise, wie die Kätzchen schleichen

Leise, leise, wie die Kätzchen schleichen.
Psst, pssst …
Leise, leise, wie die Kätzchen schleichen.
Pssst, pssst …
Miau!

Kreisspiel: Ein Kind darf die große Katze sein. Zu Beginn des Liedes schleichen alle langsam aufeinander zu in Richtung Kreismitte.
Bei „Psst" werden die Finger an den Mund gelegt und alle werden ganz leise. Wenn die große Katze plötzlich „Miau!" ruft, flitzen alle schnell auseinander. Danach ist ein andere Kind die große Katze.

Ein Bauer hatte einen Hund

Ein Bauer hatte einen Hund und Bingo war sein Name,
ein Bauer hatte einen Hund und Bingo war sein Name.
B – I – N – G – O,
B – I – N – G – O,
B – I – N – G – O
und Bingo war sein Name.
B – I – N – G – O … Bingo!

Kreisspiel: Die Kinder werden auf den Arm genommen, alle gehen im Kreis und singen das Lied. Bei „B – I – N – G – O" werden jeweils die einzelnen Buchstaben genannt und beim letzten Mal laufen alle langsam in die Kreismitte aufeinander zu. Das letzte „Bingo" wird laut gerufen und alle drehen sich aus der Mitte schnell nach außen um und heben die Kinder dabei durch die Luft.

Was müssen das für Bäume sein

Was müssen das für Bäume sein,
wo die großen
Elefanten spazieren gehen,
ohne sich zu stoßen?
Links sind Bäume, rechts sind Bäume,
in der Mitte Zwischenräume,
wo die großen
Elefanten spazieren gehen,
ohne sich zu stoßen.

Bei „wo die großen …" mit den Armen einen großen Kreis in die Luft zeichnen, dann mit dem linken Daumen und Zeigefinger an die Nase fassen und den rechten Arm durch die Lücke schieben (als Rüssel), dann mit Zeige- und Mittelfinger das Spazierengehen nachahmen und bei „ohne" mit dem Zeigefinger wackeln. Anschließend mit beiden Händen erst nach links, dann nach rechts zeigen und dann die Gesten vom Anfang wiederholen.

Ein Federchen flog durch das Land

Ein Federchen flog durch das Land.
Ein Nilpferd schlummerte im Sand.
Die Feder sprach: „Ich will es wecken!"
Sie liebte andere zu necken.
Aufs Nilpferd setzte sich die Feder
und streichelte sein dickes Leder.
Das Nilpferd öffnete den Rachen
und musste ungeheuer lachen.

JOACHIM RINGELNATZ

Ich bin ein dicker Tanzbär

Ich bin ein dicker Tanzbär und komme aus dem Wald.
Ich such mir einen Freund aus und finde ihn schon bald.
Ei, wir tanzen hübsch und fein von einem auf das andre Bein,
ei, wir tanzen hübsch und fein von einem auf das andre Bein.

Wir sind zwei dicke Tanzbären …
Wir sind vier dicke Tanzbären …

Kreisspiel: Ein Kind läuft als Tanzbär in der Mitte des Kreises umher
und deutet dabei mit beiden Händen den dicken Bauch an. Bei „Ich such mir …"
wählt es ein anderes Kind zum Freund. Beide Kinder fassen sich an den Händen
und tanzen von einem Bein auf das andere.
Anschließend laufen zwei Bären umher, suchen sich Freunde aus usw.

Ein Kri-Kra-Krokodil

Ein Kri-Kra-Krokodil,
das schwamm im Ni-Na-Nil.
Es fraß sooo viel …
und platzte!

Die Handflächen werden aneinandergelegt und wie ein schwimmendes
Krokodil hin- und herbewegt. Bei „Es fraß …" werden die Hände geöffnet
und bei „platzte" zusammengeklatscht.

Hoppe, hoppe, Reiter

Das Kind reitet auf den Knien des Erwachsenen. Beim letzten Satz rutscht es zwischen den Knien hindurch „in den Sumpf" – gut festhalten!

Hoppe, hoppe, Reiter,
wenn er fällt, dann schreit er.
Fällt er in das grüne Gras,
macht er sich die Hosen nass.
Fällt er in den Graben,
fressen ihn die Raben.
Fällt er in den Sumpf,
dann macht der Reiter plumps!

Hopp, hopp, hopp

Das Kind reitet auf den Knien des Erwachsenen. Mit sanftem Schaukeln beginnen und dann immer stärker werden.

Hopp, hopp, hopp, zu Pferde,
wir reiten um die Erde,
die Sonne reitet hinterdrein,
wie wird sie abends müde sein.
Hopp, hopp, hopp.

Hopp, hopp, hopp, Pferdchen, lauf Galopp!

Hopp, hopp, hopp, Pferd-chen, lauf Ga-lopp! Ü-ber Stock und ü-ber Stei-ne, a-ber brich dir nicht die Bei-ne. Hopp, hopp, hopp, hopp, hopp! Pferd-chen, lauf Ga-lopp.

Brr, brr, he,
steh, mein Pferdchen, steh!
Sollst schon heute weiterspringen,
muss dir nur erst Futter bringen.
Brr, brr, brr, he,
steh, mein Pferdchen, steh!

KARL HAHN

Alle meine Fingerlein wollen heute Tiere sein

Alle Finger einer Hand nacheinander zeigen (beim Daumen beginnen). Bei „hopp, hopp, hopp" mit den Fingerkuppen auf den Tisch oder Boden klopfen, bei der letzten Zeile blitzschnell die Hände hinter dem eigenen Rücken verstecken.

Alle meine Fingerlein
wollen heute Tiere sein.
Dieser Daumen, dick und rund,
ist der große Schäferhund.
Zeigefinger ist das stolze Pferd,
von dem Reiter hochverehrt.
Mittelfinger ist die bunte Kuh,
die macht immer muh, muh, muh.
Ringfinger ist der Ziegenbock
mit dem langen Zottelrock.
Und das kleine Fingerlein,
das soll unser Lämmlein sein.
Die Tiere laufen hopp, hopp, hopp,
laufen im Galopp, lopp, lopp.
Laufen in den Stall hinein,
denn es wird bald Abend sein.

Himpelchen und Pimpelchen

Zwerge und andere Märchenwesen

Zehn kleine Zappelmänner

Alle zehn Finger spielen mit. Erst werden die Arme mit den zappelnden Fingern hin und her, dann auf und ab sowie im Kreis bewegt. Anschließend die Arme blitzschnell hinter dem eigenen Rücken verstecken und zum Schluss wieder zeigen.

Zehn kleine Zappelmänner zappeln hin und her.
Zehn kleine Zappelmänner finden's gar nicht schwer.
Zehn kleine Zappelmänner zappeln auf und nieder.
Zehn kleine Zappelmänner tun das immer wieder.
Zehn kleine Zappelmänner zappeln ringsherum.
Zehn kleine Zappelmänner, die sind gar nicht dumm.
Zehn kleine Zappelmänner spielen jetzt Versteck.
Zehn kleine Zappelmänner sind auf einmal weg.
Zehn kleine Zappelmänner rufen laut: Hurra!
Zehn kleine Zappelmänner, die sind wieder da.

Großer, dicker Zwerg

Eine Faust machen, den Daumen nach oben abspreizen. Der Daumen verschwindet zuerst in der Faust, dann verwandelt sich die Faust in eine flache Hand.

Auf einem gelben Butterberg,
da saß ein großer, dicker Zwerg.
Da kam die Sonne eins, zwei, drei
und schmolz den Butterberg entzwei.
O weh, o Schreck! Da war er weg!

Schnick und Schnack

Zwei Fäuste machen, die Daumen nach oben abspreizen. Schnick und Schnack sind die Daumen. Die Fäuste tanzen in der Luft hin und her. Dann kriechen die Daumen in die Fäuste.

Zwei Hampelmänner aus dem Sack,
der eine heißt Schnick, der andere Schnack.
Schnick hat ein Krönchen und Schnack einen Kranz,
so gehen die beiden zum lustigen Tanz.
Sie tanzen so manierlich
mit Schritten, fein und zierlich.
Zuletzt gehen Schnick und Schnack
zurück in ihren Sack.

Himpelchen und Pimpelchen

Zwei Fäuste machen, die Daumen herausstrecken, mit ihnen wackeln und sie wie am Berg nach oben steigen lassen. Bei „und wackelten …" die Hände auf dem Kopf zu einer Zipfelmütze aneinanderlegen und hin- und herbewegen. · Bei „Doch nach …" die Daumen in den Fäusten verstecken, anschließend die Hände wie ein Kissen unter die Wange legen und Schnarchgeräusche nachahmen. Bei „Heißa …" in die Hände klatschen und dann noch einmal mit den Daumen wackeln.

Himpelchen und Pimpelchen
stiegen auf einen hohen Berg.
Himpelchen war ein Heinzelmann
und Pimpelchen ein Zwerg.
Sie blieben lange dort oben sitzen
und wackelten mit ihren Zipfelmützen.
Doch nach fünfundsiebzig Wochen
sind sie in den Berg gekrochen.
Da schlafen sie in tiefer Ruh,
sei fein still und hör gut zu: ch-ch-ch.
Heißa, heißa, heißassa –
Himpelchen und Pimpelchen sind wieder da!

Wichtchen

Es zipfelt ein Röckchen,
es klingen zwei Glöckchen.
Pantöffelchen tappen,
zwei Hände, die klappen.
Es guckt ein Gesichtchen.
Wer war das?
Ein Wichtchen.

Zauberer Schrappelschrut

Beide Hände über dem Kopf zum Hut falten. Dann das jeweilige Tier nachahmen.

Da steht der Zauberer Schrappelschrut
mit seinem großen Zauberhut.
Er überlegt, schaut ihn nur an,
was er wohl wieder zaubern kann.
Schrippel, Schrappel, Huckebein,
ihr sollt alle Katzen (Hunde, Schafe...) sein.

Bi-Ba-Butzemann

Es tanzt ein Bi-Ba-Butzemann
in unserm Haus herum, widebum,
es tanzt ein Bi-Ba-Butzemann
in unserm Haus herum.
Er rüttelt sich, er schüttelt sich,
er wirft sein Säcklein hinter sich.
Es tanzt ein Bi-Ba-Butzemann
in unserm Haus herum.

Alle Kinder bilden einen Kreis. Nur ein Kind, der „Butzemann", läuft außen um den Kreis herum. Während des Liedes lässt der Butzemann ein Säckchen oder Ähnliches hinter irgendeinem Kind fallen – möglichst so, dass dieses nichts davon bemerkt.
1) Wenn das Kind das Säckchen bemerkt, muss es versuchen, den Butzemann ganz schnell zu fangen. Wird der Butzemann eine Runde lang nicht gefangen, darf er sich in die Lücke stellen und der Fänger ist der neue Butzemann. Wird er geschnappt, beginnt das Spiel von vorne.
2) Bleibt das Säckchen unbemerkt, tanzt der Butzemann einmal um den Kreis und klopft dem entsprechenden Kind auf den Rücken. Jetzt ist dieses Kind der neue Butzemann.

Im Lande der Zwerge

So geht es im Lande der Zwerge:
Ameisenhaufen sind Berge,
das Sandkorn ist ein Felsenstück,
der Seidenfaden ist ein Strick,
die Nadel ist da eine Stange,
ein Würmlein ist da eine Schlange,
als Elefant gilt da die Maus,
der Fingerhut ist da ein Haus,
die Fenster sind da Nadelöhre,
ein Glas voll Wasser wird zum Meere,
der dickste Mann ist dünn wie Haar,
der Augenblick ist da ein Jahr.

HEINRICH SEIDEL

Im Lande der Riesen

So geht es im Lande der Riesen:
Da nähen die Schneider mit Spießen,
da stricken die Mädchen mit Stangen,
da füttert man Vögel mit Schlangen,
da malen mit Besen die Maler,
da macht man wie Kuchen die Taler,
da schießt man die Mücken mit Pfeilen,
da webt man die Leinwand aus Seilen.

HEINRICH SEIDEL

Oben auf dem Berge

Da oben auf dem Berge,
eins, zwei, drei,
da tanzen viele Zwerge,
eins, zwei, drei.

Mit dem Zeigefinger oben in die Luft tippen, beim Zählen die Anzahl der Finger zeigen, dann alle Finger hin- und hertanzen lassen und wieder mit den Fingern zählen.

Da unten auf der Wiese,
eins, zwei, drei,
da sitzt ein dicker Riese,
eins, zwei, drei.

Mit dem Zeigefinger nach unten in die Luft tippen, beim Zählen die Anzahl der Finger zeigen und mit den Händen einen dicken Bauch imitieren.

Da hinten in der Ecke,
eins, zwei, drei,
da krabbelt eine Schnecke,
eins, zwei, drei.

Mit dem Zeigefinger über die Schulter nach hinten tippen, beim Zählen die Anzahl der Finger zeigen, dann Zeige- und Ringfinger als Schnecke durch die Luft krabbeln lassen und die anderen Finger dabei übereinanderlegen.

Dornröschen war ein schönes Kind

Dorn - rös - chen war ein schö - nes Kind,
schö - nes Kind, schö - nes Kind. Dorn -
rös - chen war ein schö - nes Kind, schö - nes Kind.

Dörnröschen, nimm dich ja in Acht,
ja in Acht, ja in Acht.
Dörnröschen, nimm dich ja in Acht
vor der bösen Fee.

Da kam die böse Fee herein,
Fee herein, Fee herein.
Da kam die böse Fee herein
und rief ihr zu:

Dornröschen, schlafe hundert Jahr,
hundert Jahr, hundert Jahr.
Dornröschen, schlafe hundert Jahr
und alle mit.

Und eine Hecke riesengroß,
riesengroß, riesengroß,
und eine Hecke riesengroß
umgab das Schloss.

Da kam ein junger Königssohn,
Königssohn, Königssohn.
Da kam ein junger Königssohn
und küsste sie.

Dornröschen wachte wieder auf,
wieder auf, wieder auf.
Der ganze Hofstaat wachte auf;
wachte auf.

Sie feierten ein großes Fest,
großes Fest, großes Fest.
Sie feierten ein großes Fest,
das Hochzeitsfest.

Da jubelte das ganze Volk,
ganze Volk, ganze Volk.
Da jubelte das ganze Volk,
ganze Volk.

Ein sehr kurzes Märchen

Hänsel und Knödel,
die gingen in den Wald.
Nach längerem Getrödel
rief Hänsel plötzlich: „Halt!"
Ihr alle kennt die Fabel,
des Schicksals dunklen Lauf:
Der Hänsel nahm die Gabel
und aß den Knödel auf.

MICHAEL ENDE

Hänsel und Gretel

Hänsel und Gretel verliefen sich im Wald.
Es war so finster und auch so bitterkalt.
Sie kamen an ein Häuschen von Pfefferkuchen fein.
Wer mag der Herr wohl von diesem Häuschen sein?

Hu, hu, da schaut eine alte Hexe raus!
Sie lockt die Kinder ins Pfefferkuchenhaus.
Sie stellte sich gar freundlich, o Hänsel, welche Not!
Ihn wollt sie braten im Ofen braun wie Brot.

Doch als die Hexe zum Ofen schaut hinein,
ward sie gestoßen von unserm Gretelein.
Die Hexe musste braten, die Kinder gehn nach Haus.
Nun ist das Märchen von Hans und Gretel aus.

Ich ging einmal nach Butzlabee

Ich ging einmal nach Butzlabee,
da kam ich an einen großen See,
da kam ich an ein Mühlenhaus,
da schauten drei Hexen zum Fenster raus.
Die erste sprach: „Komm, iss mit mir!"
Die zweite sprach: „Komm, trink mit mir!"
Die dritte nahm den Mühlenstein
und warf ihn mir ans linke Bein.
Da schrie ich laut: „O weh, o weh,
ich geh nicht mehr nach Butzlabee!"

Eine kleine Hexe

Eine kleine Hexe
gönnt sich keine Ruh, gönnt sich keine Ruh.
Fliegt auf ihrem Besen, reitet immerzu.
Fli, fla, flum,
da fällt die Hexe um.

Das Hexen-Einmaleins

Du musst verstehn!
Aus eins mach zehn,
und zwei lass gehn,
und drei mach gleich,
so bist du reich.
Verlier die Vier!
Aus fünf und sechs,
so sagt die Hex,
mach sieben und acht,
so ist's vollbracht:
Und neun ist eins,
und zehn ist keins.
Das ist das Hexen-Einmaleins!

JOHANN WOLFGANG VON GOETHE

Kasperltheater

Der Vorhang geht auf

Mit dem rechten Zeigefinger den Kasper spielen und winken.	Guten Tag, meine Damen, guten Tag, meine Herrn, habt ihr alle den Kasper gern?
Mit dem linken Zeigefinger den Seppel spielen.	Da hol ich mir den Seppel gleich, wir spielen manchen lustigen Streich.
Die Zeigefinger gegeneinander klopfen und dann ineinanderhaken.	Wir schlagen uns. Und wir vertragen uns.
Mit dem linken Zeigefinger die Hexe spielen und auf den Kasper zeigen. Der Kasper-Finger bewegt sich schimpfend hin und her und vertreibt die Hexe.	Da kommt die Hexe Höckebein: „Kasper, du sollst verzaubert sein!" „Nein, nein, Hexe, da wird nichts draus. Ab mit dir zurück ins Hexenhaus!"
Mit der linken Hand als Krokodil nach dem Kasper schnappen und den Kasper-Finger ins „Maul" nehmen.	Da kommt das große Krokodil, das frisst ja gar so viel. Es hat sich leise angeduckt und den Kasper halb verschluckt.
Den Kasper-Finger aus dem Maul herausruckeln und das Krokodil vertreiben.	Der ruckelt und zuckelt und ei der Daus, da ist der Kasper wieder raus. Jetzt geht es schlecht dem Krokodil: „Ab mit dir zurück zum Nil!"
Der linke Zeigefinger ist jetzt Gretel, die Zeigefinger tanzen zusammen und verstecken sich anschließend hinter dem Rücken.	„Jetzt hol ich mir mein Gretelein. Gretelein, wir wollen lustig sein. Wir singen trallala und tanzen hopsasa und plötzlich sind wir nicht mehr da." *Der Vorhang geht zu*

Rolle, Bolle, Rumpelsack

Die jeweiligen Tätigkeiten
pantomimisch darstellen.
Den Zeigefinger auf die Lippen legen
(psst), sich groß machen (Riesen),
sich ducken (Zwerge),
zappeln (Kobolde),
auf der Stelle laufen (Kinder)
und schleichen (die Lautlosen).

Rolle, Bolle, Rumpelsack,
das ist bestimmt kein Schabernack:
Hölzer hacken,
Kuchen backen,
Strümpfe stricken,
Socken flicken.
Psst, wer kommt denn da?
Die Riesen,
die Zwerge,
die Kobolde,
die Kinder,
die Lautlosen,
Rolle, Bolle, Rumpelsack.

Frühling, Sommer, Herbst und Winter

Von Januar bis Weihnachten

Die Monate

Im Januar fängt an das Jahr,
sehr kalt ist's oft im Februar.
Im März der Winter scheiden will,
der Osterhas kommt im April.
Im Mai freut sich die ganze Welt,
im Juni blüht das Korn im Feld.
Im Juli pflückt man Kirsch' und Beer',
August plagt uns mit Hitze sehr.
September reift den guten Wein,
Oktober fährt Kartoffeln ein.
November tobt mit Schnee und Wind,
Dezember uns das Christkind bringt.

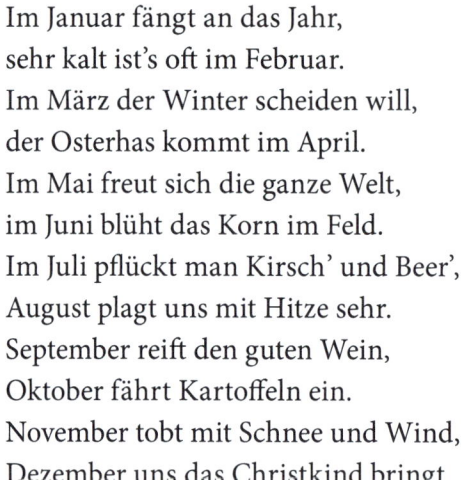

Die Jahreszeiten

Es war eine Mutter,
die hatte vier Kinder,
den Frühling, den Sommer,
den Herbst und den Winter.

Der Frühling bringt Blumen,
der Sommer bringt Klee.
Der Herbst, der bringt Trauben,
der Winter bringt Schnee.

Die vier Brüder

Vier Brüder ziehn jahraus, jahrein
im ganzen Land spazieren;
doch jeder kommt für sich allein,
uns Gaben zuzuführen.

Der erste kommt mit leichtem Sinn,
in reines Blau gehüllet,
streut Knospen, Blätter, Blüten hin,
die er mit Düften füllet.

Der zweite tritt schon ernster auf,
mit Sonnenschein und Regen;
streut Blumen aus in seinem Lauf,
der Ernte reichen Segen.

Der dritte naht mit Überfluss
und füllet Küch und Scheune;
bringt uns, zum süßesten Genuss,
viel Früchte, Korn und Weine.

Verdrießlich braust der vierte her,
in Nacht und Grau gehüllet,
sieht zürnend Wald und Wiesen leer,
die er mit Schnee erfüllet.

Wer sagt mir, wer die Brüder sind,
die so einander jagen?
Leicht rät es wohl ein jedes Kind,
drum brauch ich's nicht zu sagen.

KAROLINE STAHL

Alle Vögel sind schon da

Al - le Vö - gel sind schon da,
al - le Vö - gel, al - le!
Welch ein Sin - gen, Mu - si - ziern,
Pfei - fen, Zwit-schern, Ti - ri - liern!
Früh - ling will nun ein - mar - schiern,
kommt mit Sang und Schal - le.

Wie sie alle lustig sind, flink und froh sich regen.
Amsel, Drossel, Fink und Star und die ganze Vogelschar
wünschen dir ein frohes Jahr, lauter Heil und Segen.

Was sie uns verkünden nun, nehmen wir zu Herzen.
Wir auch wollen lustig sein, lustig wie die Vögelein,
hier und dort, feldaus, feldein, singen, springen, scherzen.

HOFFMANN VON FALLERSLEBEN

Vogelfrühling

Auf der Wiese steht ein Baum,
noch vom Winter kahl und braun.
Schickt die Sonne ihre Strahlen,
das wird unserm Baum gefallen.
Hurtig fängt er an zu blühen
und die Blätter werden grün.
Kommt die Amsel, setzt sich nieder,
zwitschert frohe Frühlingslieder.
Zwitschert, singt und tiriliert,
freut sich, weil es Frühling wird!

Die Knospe

Schaut ein Knöspchen aus der Erde,
ob es nicht bald Frühling werde;
wächst und wächst ein ganzes Stück.
Sonne warm vom Himmel scheint,
Regen überm Knöspchen weint,
Knöspchen wird bald grün und dick.
Seine Blätter öffnet's dann,
fröhlich fängt's zu blühen an.
Frühling wird es, welch ein Glück!

Die linke Hand waagerecht halten, mit dem Handrücken nach oben (Erde). Den rechten Zeigefinger (Knöspchen) von unten zwischen Zeige- und Mittelfinger der linken Hand hindurchstecken und langsam höher schieben („wächst und wächst"). Die Sonne mit beiden Armen über dem Kopf andeuten. Anschließend alle Finger der rechten Hand mit den Kuppen zusammenlegen (dickes Knöspchen). Die Finger der linken Hand bewegen (Regen), Fingerkuppen langsam lösen („seine Blätter öffnet's dann") und zum Schluss die Hand hin- und herdrehen.

Die Tulpe

Dunkel
war alles und Nacht.
In der Erde tief
die Zwiebel schlief,
die braune.

Was ist das für ein Gemunkel,
was ist das für ein Geraune,
dachte die Zwiebel,
plötzlich erwacht.
Was singen die Vögel da droben
und jauchzen und toben?
Von Neugier gepackt,
hat die Zwiebel einen langen Hals gemacht
und um sich geblickt
mit einem hübschen Tulpengesicht.

Da hat ihr der Frühling entgegengelacht.

JOSEF GUGGENMOS

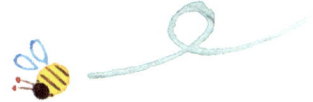

Im Märzen der Bauer

Im Märzen der Bauer die Rösslein einspannt.
Er setzt seine Felder und Wiesen instand.
Er pflüget den Boden, er egget und sät
und rührt seine Hände frühmorgens und spät.

Die Bäurin, die Mägde, sie dürfen nicht ruhn,
sie haben im Haus und im Garten zu tun.
Sie graben und rechen und singen ein Lied,
sie freun sich, wenn alles schön grünet und blüht.

So geht unter Arbeit das Frühjahr vorbei;
da erntet der Bauer das duftende Heu.
Er mäht das Getreide, dann drischt er es aus.
Im Winter, da gibt es manch fröhlichen Schmaus.

Unterm Baum, im grünen Gras

Unterm Baum, im grünen Gras,
sitzt ein kleiner Osterhas!
Putzt den Bart und spitzt das Ohr,
macht ein Männchen, guckt hervor.
Springt dann fort mit einem Satz
und ein kleiner frecher Spatz
schaut jetzt nach, was denn dort sei.
Und was ist's?
Ein Osterei!

Osterhäschen dort im Grase

Osterhäschen dort im Grase,
Wackelschwänzchen, Schnuppernase,
mit den langen braunen Ohren,
hast ein Osterei verloren!
Zwischen Blumen seh ich's liegen.
Osterhäschen, kann ich's kriegen?

Ein Osterei

Ich schenke dir
ein Osterei,
wenn's zerbricht,
so hast du zwei.

Der Osterhase

Der Osterhase hat über Nacht
zwölf Eier in unseren Garten gebracht.
Eins legte er unter die Gartenbank,
drei in das grüne Efeugerank,
vier in das Hyazinthenbeet,
drei, wo die weiße Narzisse steht;
eins legte er auf den Apfelbaumast;
da hat sicher die Katze mit angefasst.

April, April

April, April,
der weiß nicht, was er will!
Mal Regen und mal Sonnenschein,
dann hagelt's wieder zwischendrein.
April, April,
der weiß nicht, was er will!

Der Mai ist gekommen

Der Mai ist gekommen,
die Bäume schlagen aus.
Da bleibe, wer Lust hat,
mit Sorgen zu Haus.
Wie die Wolken wandern
am himmlischen Zelt,
so steht auch mir der Sinn
in die weite, weite Welt.

EMANUEL GEIBEL

Muttertagsgedichte

Ich freue mich, wenn ich dich seh,
ich finde dich so nett.
Ich schenke dir mein H und E,
mein R und auch mein Z.

FRANTZ WITTKAMP

Liebe Mama, hör mir zu,
was ich dir nun sage:
Ich hab dich von Herzen lieb,
heut und alle Tage.

Liebe Mama, eins ist wahr:
Du bist immer für mich da.
Dafür dank ich dir zum Feste,
denn du bist nun mal die Beste!

Wenn's regnet

Alle Finger einer Hand zeigen (mit dem Daumen beginnen). Mit den Fingern der anderen Hand den „Regen" und am Ende das Tragen eines Regenschirmes nachahmen.

Was sagen meine fünf Finger?
Der erste sagt:
„Wenn's regnet, das ist gar nicht nett."
Der zweite sagt:
„Wenn's regnet, da bleib ich lieber im Bett."
Der dritte sagt:
„Wenn's regnet, ist das aber traurig."
Der vierte sagt:
„Wenn's regnet, hu, ist das schaurig."
Der fünfte sagt:
„Wenn's regnet, da kann ich es kaum erwarten,
ich nehme meinen Regenschirm
und laufe in den Kindergarten."

Es regnet, es regnet

Es regnet, es regnet, die Erde wird nass.
Und wenn's genug geregnet hat, dann wächst auch wieder G
Es regnet, es regnet, es regnet seinen Lauf.
Und wenn's genug geregnet hat, dann hört es wieder auf.
Es regnet, es regnet, es regnet Tag und Nacht.
Und wenn's genug geregnet hat, die Sonne wieder lacht.

Hundertzwei Gespensterchen

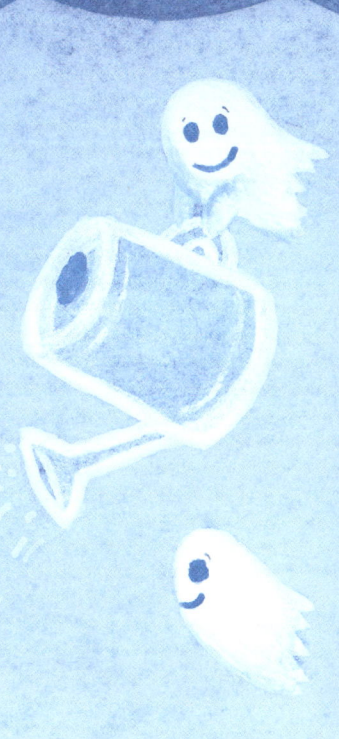

Hundertzwei Gespensterchen
saßen irgendwo
hinter meinem Fensterchen.
Da erschrak ich so.

Hundertzwei Gespensterchen
waren sehr vertrackt:
An meinem Kammerfensterchen
klopften sie im Takt.

Hundertzwei Gespensterchen
haben mich erschreckt.
Weit entfernt vom Fensterchen
hab ich mich versteckt.

Hundertzwei Gespensterchen
waren plötzlich fort.
Schlich mich schnell zum Fensterchen.
Fand sie nicht mehr dort.

Hundertzwei Gespensterchen,
denkt euch, wie famos,
waren an dem Fensterchen
Regentropfen bloß!

JAMES KRÜSS

Es wird wieder schöner sein!

Bald hört's auf zu regnen,
die Sonne wird scheinen,
die Glocken werden klingen,
die Vögel werden singen,
die Enten werden tratschen,
die Gänse werden watscheln,
der Kuckuck wird schrein.
Es wird wieder schöner sein!

Liebe Sonne, scheine wieder

Liebe Sonne, scheine wieder,
schein die düstren Wolken nieder!
Komm mit deinem goldnen Strahl
wieder über Berg und Tal!
Trockne ab auf allen Wegen
überall den alten Regen!
Liebe Sonne, lass dich sehn,
dass wir können spielen gehn.

HOFFMANN VON FALLERSLEBEN

Trarira, der Sommer, der ist da!

Trarira, der Sommer, der ist da!
Wir wollen in den Garten
und wolln des Sommers warten.
Trarira, der Sommer, der ist da!

Trarira, der Sommer, der ist da!
Wir wolln hinter die Hecken
und wolln den Sommer wecken.
Trarira, der Sommer, der ist da!

Trarira, der Sommer, der ist da!
Der Winter ist zerronnen,
der Sommer hat begonnen.
Trarira, der Sommer, der ist da!

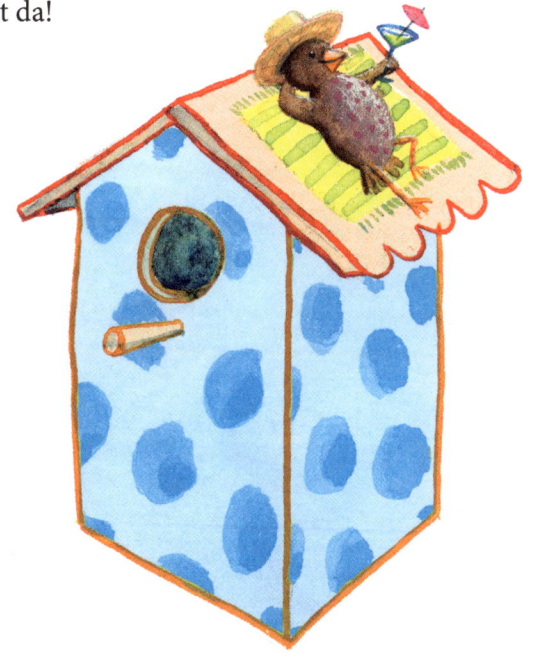

Sommer

Weißt du, wie der Sommer riecht?
Nach Birnen und nach Nelken,
nach Äpfeln und Vergissmeinnicht,
die in der Sonne welken,
nach heißem Sand und kühler See
und nassen Badehosen,
nach Wasserball und Sonnencreme,
nach Straßenstaub und Rosen.

Weißt du, wie der Sommer schmeckt?
Nach gelben Aprikosen
und Walderdbeeren, halb versteckt
zwischen Gras und Moosen,
nach Himbeereis, Vanilleeis
und Eis aus Schokolade,
nach Sauerklee vom Wiesenrand
und Brauselimonade.

Weißt du, wie der Sommer klingt?
Nach einer Flötenweise,
die durch die Mittagsstille dringt –
ein Vogel zwitschert leise,
dumpf fällt ein Apfel in das Gras,
der Wind rauscht in den Bäumen.
Ein Kind lacht hell, dann schweigt es schnell
und möchte lieber träumen.

ILSE KLEBERGER

Summ, summ, summ

Summ, summ, summ, Bienchen, summ herum!
Ei, wir tun dir nichts zuleide,
flieg nur aus in Wald und Heide!
Summ, summ, summ, Bienchen, summ herum!

Summ, summ, summ, Bienchen, summ herum!
Kehre heim mit reicher Habe,
bau uns manche volle Wabe!
Summ, summ, summ, Bienchen, summ herum!

Mückentanz

Dideldum!
Summ, summ, summ!
Das ist zum Entzücken!
Wie tanzen die Mücken,
die schnellen Gesellen
so leise im Kreise,
so wohlig, so munter,
hinauf und herunter!
Dideldum! Dideldum!
Summ, summ!
Immer herum,
dideldum!
Immer herum,
summ, summ!

HOFFMANN VON FALLERSLEBEN

Ich hol mir eine Leiter

Ich hol mir eine Leiter
und stell sie an den Apfelbaum.
Dann steig ich immer weiter,
so hoch, man sieht mich kaum.

Ich pflücke, ich pflücke,
mal über mir, mal unter mir,
und pflücke und pflücke
mein ganzes Körbchen voll.

Dann steig ich immer weiter
und halt mich an den Zweigen fest.
Dann setz ich mich gemütlich
auf einen dicken Ast.

Ich wippe, ich wippe,
diwippdiwapp, diwippdiwapp.
Ich wippe, ich wippe
und falle nicht hinab.

Doch plötzlich knicks, knacks, plumps …

Mit den Händen das Hinstellen der Leiter darstellen und mit Händen und Füßen Kletterbewegungen machen.

Mit den Händen erst oberhalb des Kopfes, dann in Richtung Boden das Pflücken der Äpfel nachahmen.

Wieder Kletterbewegungen und das Festhalten imitieren, anschließend in die Hocke setzen.

In der Hocke nach vorne und nach hinten wippen.

Zum Schluss vorsichtig auf den Boden plumpsen lassen und umfallen.

Herbst

Draußen bläst ein starker Wind,
zaust die Haare jedem Kind.
Von den Bäumen fallen wieder
gelb und braune Blätter nieder.
Doch der Herbst bringt gute Gaben,
Äpfel, Birnen solln wir haben.
Trauben bringt er, zuckersüße,
Zwetschgen auch und viele Nüsse!

Mein Häuschen ist nicht gerade

Mit den Händen ein Dach bilden. Das Dach bei „krumm" schräg neigen und bei „Wind" auf die Finger pusten, bis das Dach einstürzt. Anschließend das Dach wieder aufbauen.

Mein Häuschen ist nicht gerade,
ist das aber schade.
Mein Häuschen ist ein bisschen krumm,
ist das aber dumm!
Huuu – da bläst der Wind hinein;
bautz – da fällt das Häuschen ein.
1, 2, 3, jetzt schaut nur, schaut:
Schon ist es wieder aufgebaut!

Kinderfest im Herbst

Doch ehe der Herbst uns ganz verlässt,
so bringt er uns noch ein Kinderfest:
Sobald es Abend, ziehn wir aus
und wandern singend von Haus zu Haus.

Und bitten dem heiligen Martin zu Ehren,
uns kleinen Kindern was zu bescheren.
Da reicht man uns Äpfel und Nüsse dar,
zuweilen auch Honigkuchen sogar.

Wir sprechen unsern Dank dafür aus
und wandern dann in ein anderes Haus.
Nun lasst uns heute singen auch,
wie's ist am Martinstag der Brauch.

HOFFMANN VON FALLERSLEBEN

Ich geh mit meiner Laterne

Ich geh mit meiner Laterne
und meine Laterne mit mir.
Dort oben leuchten die Sterne,
und unten, da leuchten wir.
Zeilen 2 x singen   Ein Lichtermeer zu Martins Ehr,
rabimmel, rabammel, rabumm!

Ich geh mit meiner Laterne …
2 x   Der Martinsmann, der zieht voran,
rabimmel, rabammel, rabumm!

Ich geh mit meiner Laterne …
2 x   Wie schön das klingt, wenn jeder singt,
rabimmel, rabammel, rabumm!

Ich geh mit meiner Laterne …
2 x   Beschenkt uns heut, ihr lieben Leut,
rabimmel, rabammel, rabumm!

Ich geh mit meiner Laterne …
2 x   Laternenlicht, verlösch mir nicht,
rabimmel, rabammel, rabumm!

Ich geh mit meiner Laterne …
2 x   Mein Licht ist aus, ich geh nach Haus,
rabimmel, rabammel, rabumm!

Durch die Straßen auf und nieder

Durch die Straßen auf und nieder
leuchten die Laternen wieder.
Rote, gelbe, grüne, blaue,
lieber Martin, komm und schaue!

Wie die Blumen in dem Garten
blühn Laternen aller Arten.
Rote, gelbe, grüne, blaue,
lieber Martin, komm und schaue!

Und wir gehen lange Strecken
mit Laternen an dem Stecken.
Rote, gelbe, grüne, blaue,
lieber Martin, komm und schaue!

LIESELOTTE HOLZMEISTER

Laterne, Laterne

Laterne, Laterne,
Sonne, Mond und Sterne,
brenne auf, mein Licht,
brenne auf, mein Licht,
aber nur meine liebe Laterne nicht.

Sankt Martin

Sankt Martin, Sankt Martin,
Sankt Martin ritt durch Schnee und Wind,
sein Ross, das trug ihn fort geschwind.
Sankt Martin ritt mit leichtem Mut,
sein Mantel deckt ihn warm und gut.

Im Schnee saß, im Schnee saß,
im Schnee, da saß ein alter Mann,
hatt' Kleider nicht, hatt' Lumpen an.
„O helft mir doch in meiner Not,
sonst ist der bittre Frost mein Tod!"

Sankt Martin, Sankt Martin,
Sankt Martin zog die Zügel an,
sein Ross stand still beim armen Mann.
Sankt Martin mit dem Schwerte teilt
den warmen Mantel unverweilt.

Sankt Martin, Sankt Martin,
Sankt Martin gab den halben still,
der Bettler rasch ihm danken will.
Sankt Martin aber ritt in Eil
hinweg mit seinem Mantelteil.

Schneeflöckchen, Weißröckchen

Schnee - flöck - chen, Weiß - röck - chen, wann kommst du ge - schneit? Du wohnst in den Wol - ken, dein Weg ist so weit.

Komm, setz dich ans Fenster,
du lieblicher Stern,
malst Blumen und Blätter,
wir haben dich gern.

Schneeflöckchen, du deckst uns
die Blümelein zu,
dann schlafen sie sicher
in himmlischer Ruh.

Schneeflöckchen, Weißröckchen,
komm zu uns ins Tal.
Dann baun wir den Schneemann
und werfen den Ball.

Unser Vogelhaus

Jetzt wird es draußen kalt
und weißer Schnee fällt bald.
Die Vögel fliegen hin und her
und finden oft kein Futter mehr.

Kommt, bauen wir ein Haus
und streuen darin Futter aus
für unsre liebe Vogelschar,
so wie im vergangnen Jahr.

Die drei Spatzen

In einem leeren Haselstrauch,
da sitzen drei Spatzen, Bauch an Bauch.
Der Erich rechts und links der Franz
und mittendrin der freche Hans.
Sie haben die Augen zu, ganz zu,
und oben drüber, da schneit es, hu!

Sie rücken zusammen, dicht an dicht.
So warm wie der Hans hat's niemand nicht.
Sie hören alle drei ihrer Herzlein Gepoch.
Und wenn sie nicht weg sind, so sitzen sie noch.

CHRISTIAN MORGENSTERN

Puck und Pitz

Puck und Pitz, zwei Zwergenleute,
liefen vor ihr Häuschen heute.
Riefen: „Seht nur, weit und breit,
es hat geschneit, es hat geschneit!"
Die Flocken fallen leicht und sacht:
„Jetzt geht es zur Schneeballschlacht!"
Den Schneeball werfen Puck und Pitz
sich feste an die Zipfelmütz.
Doch dann kommt der Schlitten dran.
Sie stampfen auf die Rodelbahn.
Hui, geht es hinab ins Tal!
Und so geht es viele, viele Mal.
Auch Schneeschuh laufen Puck und Pitz
und fallen sie hin, das schadet nix.
Frau Holle aber oben lacht:
„Ja, ja, das hab ich fein gemacht!"

Der Schneemann

Wenn die liebe Sonne scheint,
steht der Schneemann da und weint
und in Stücke geht sein Rock,
aus den Händen fällt sein Stock,
auf den Boden rollt sein Kopf:
Schneemann, bist ein armer Tropf!

ABC, die Katze lief im Schnee

A B C, die Katze lief im Schnee. Und als sie dann nach Hause kam, da hatt' sie weiße Stiefel an, o jemine, o jemine, die Katze lief im Schnee.

A B C, die Katze lief zur Höh!
Sie leckt ihr kaltes Pfötchen rein
und putzt sich auch die Stiefelein
und ging nicht mehr und ging nicht mehr,
ging nicht mehr in den Schnee.

Weihnachtsschnee

Ihr Kinder, sperrt die Näschen auf,
es riecht nach Weihnachtstorten;
Knecht Ruprecht steht am Himmelsherd
und bäckt die feinsten Sorten.

Ihr Kinder, sperrt die Augen auf,
sonst nehmt den Operngucker:
Die große Himmelsbüchse, seht,
tut Ruprecht ganz voll Zucker.

Er streut – die Kuchen sind schon voll –,
er streut – na, das wird munter:
Er schüttelt die Büchse und streut und streut
den ganzen Zucker runter.

Ihr Kinder, sperrt die Mäulchen auf,
schnell! Zucker schneit es heute;
fangt auf, holt Schüsseln – ihr glaubt es nicht?
Ihr seid ungläubige Leute!

PAULA DEHMEL

Fünf Finger

Der Reihe nach an allen fünf Fingern der Kinderhand zupfen. Mit dem Daumen beginnen. Am Ende eine Faust machen.

Fünf Finger sitzen dicht an dicht.
Sie wärmen sich und frieren nicht.
Der erste sagt: „Auf Wiedersehn!"
Der zweite sagt: „Ich will jetzt gehn!"
Der dritte hält's auch nicht mehr aus.
Der vierte geht zur Tür hinaus.
Der fünfte ruft: „He ihr, ich frier!"
Da wärmen ihn die andern vier.

Fünf kleine Zwerge

Der Reihe nach an allen fünf Fingern der Kinderhand zupfen. Mit dem Daumen beginnen.

Fünf kleine Zwerge aus dem Wichtelwald
kommen angetrippelt, machen bei dir halt.
Fünf kleine Zwerge dürfen gar nicht ruhn,
haben jetzt vor Weihnachten gar so viel zu tun.
Der erste sägt die Tiere aus,
für Michels neues Bauernhaus.
Der zweite ist der Puppenschneider,
der näht die neuen Puppenkleider.
Der dritte malt und schmirgelt fein,
die Kasperpuppen sollen fertig sein.
Der vierte backt die Weihnachtskuchen,
darf nur zerbrochene mal versuchen.
Der fünfte muss auch ganz fleißig sein,
der packt alle Geschenke ein.

Knecht Ruprecht

Von drauß' vom Walde komm ich her,
ich muss euch sagen, es weihnachtet sehr!
Allüberall auf den Tannenspitzen
sah ich goldene Lichtlein sitzen;
und droben aus dem Himmelstor
sah mit großen Augen das Christkind hervor.

Und wie ich so strolcht durch den finstern Tann,
da rief's mich mit heller Stimme an:
„Knecht Ruprecht", rief es, „alter Gesell,
hebe die Beine und spute dich schnell!
Die Kerzen fangen zu brennen an,
das Himmelstor ist aufgetan,
Alt und Junge sollen nun
von der Jagd des Lebens einmal ruhn;
und morgen flieg ich hinab zur Erden,
denn es soll wieder Weihnachten werden!"

Ich sprach: „O lieber Herre Christ,
meine Reise fast zu Ende ist;
ich soll nur noch in diese Stadt,
wo's eitel gute Kinder hat."

„Hast denn das Säcklein auch bei dir?"
Ich sprach: „Das Säcklein, das ist hier:
Denn Apfel, Nuss und Mandelkern
essen fromme Kinder gern."

„Hast denn die Rute auch bei dir?"
Ich sprach: „Die Rute, die ist hier;
doch für die Kinder nur, die schlechten,
die trifft sie auf den Teil, den rechten."
Christkindlein sprach: „So ist es recht;
so geh mit Gott, mein treuer Knecht!"

Von drauß' vom Walde komm ich her;
ich muss euch sagen, es weihnachtet sehr!
Nun sprecht, wie ich's hierinnen find!
Sind's gute Kind, sind's böse Kind?

THEODOR STORM

Lasst uns froh und munter sein

Lasst uns froh und munter sein
und uns recht von Herzen freun!
Lustig, lustig, tralerala,
bald ist Nikolausabend da,
bald ist Nikolausabend da!

Dann stell ich den Teller auf,
Niklaus legt gewiss was drauf.
Lustig, lustig, traleralera!
Bald ist Nikolausabend da,
bald ist Nikolausabend da!

Wenn ich schlaf, dann träume ich:
Jetzt bringt Niklaus was für mich.
Lustig, lustig, traleralera!
Bald ist Nikolausabend da,
bald ist Nikolausabend da!

Wenn ich aufgestanden bin,
lauf ich schnell zum Teller hin.
Lustig, lustig, traleralera!
Bald ist Nikolausabend da,
bald ist Nikolausabend da!

Das Wunderschloss

Ich wünsch mir was!
Was ist denn das?
Das ist ein Schloss aus Marzipan
mit Türmen aus Rosinen dran
und Mandeln an den Ecken.
Ganz zuckersüß und braun gebrannt
und jede Wand aus Zuckerkand –
da kann man tüchtig schlecken!
Und Diener laufen hin und her
mit Saft und Marmelade
und drinnen, in dem Schlosse drin,
sitzt meine Frau, die Königin –
die ist aus Schokolade!

ADOLF HOLST

Nikolaus, komm in unser Haus

Nikolaus, komm in unser Haus,
pack die großen Taschen aus.
Stell das Pferdchen unter den Tisch,
dass es Heu und Hafer frisst.
Heu und Hafer frisst es nicht,
Zuckerbrezeln kriegt es nicht!

Advent, Advent, ein Lichtlein brennt

Advent, Advent, ein Lichtlein brennt.
Erst eins, dann zwei, dann drei, dann vier –
dann steht das Christkind vor der Tür.

Christkindchen

Christkindchen kam hernieder
und schmückt den Weihnachtsbaum,
mit Gaben füllt sich wieder
der Tisch bis an den Saum.

Morgen, Kinder, wird's was geben

Mor-gen, Kin-der, wird's was ge-ben,
Welch ein Ju-bel, welch ein Le-ben,
mor-gen wer-den wir uns freun!
wird in un-serm Hau-se sein!
Ein-mal wer-den wir noch wach,
hei-ßa, dann ist Weih-nachts-tag!

Wie wird dann die Stube glänzen
von der großen Lichterzahl!
Schöner als bei frohen Tänzen
ein geputzter Kronensaal.
Wisst ihr noch, wie vor'ges Jahr
es am Heil'gen Abend war?

Wisst ihr noch mein Räderpferdchen,
Malchens nette Schäferin,
Jettchens Küche mit dem Herdchen
und dem blank geputzten Zinn?
Heinrichs bunten Harlekin
mit der gelben Violin?

Welch ein schöner Tag ist morgen!
Neue Freuden hoffen wir;
unsre lieben Eltern sorgen
lange, lange schon dafür.
O gewiss, wer sie nicht ehrt,
ist der ganzen Lust nicht wert!

O Tannenbaum

O Tannenbaum, o Tannenbaum, du kannst mir sehr gefallen.
Wie oft hat nicht zur Weihnachtszeit ein Baum von dir mich hoch erfreut!
O Tannenbaum, o Tannenbaum, du kannst mir sehr gefallen!

O Tannenbaum, o Tannenbaum, dein Kleid will mich was lehren:
Die Hoffnung und Beständigkeit gibt Trost und Kraft zu jeder Zeit.
O Tannenbaum, o Tannenbaum, dein Kleid will mich was lehren.

In meinem kleinen Apfel

In meinem kleinen Apfel,
da sieht es lustig aus:
Es sind darin fünf Stübchen,
grad wie in einem Haus.
In jedem Stübchen wohnen
zwei Kernchen, schwarz und fein,
die liegen drin und träumen
vom lieben Sonnenschein.
Sie träumen auch noch weiter
gar einen schönen Traum,
wie sie einst werden hängen
am lieben Weihnachtsbaum.

Das Weihnachtsbäumlein

Es war einmal ein Tännelein
mit braunen Kuchenherzelein
und Glitzergold und Äpfelein fein
und vielen bunten Kerzelein:
Das war am Weihnachtsfest so grün,
als fing es eben an zu blühn.

CHRISTIAN MORGENSTERN

Der Weihnachtsmann

In der Nacht vor Weihnachten regt sich im Haus
nichts und niemand, nicht mal eine Maus.
Die Kinder schlafen und sehen im Traum
schon den geschmückten Weihnachtsbaum.
Da höre ich einen Riesenkrach
draußen im Garten und werde wach.
Ich renne zum Fenster in schnellem Lauf,
stoße die Fensterläden auf
und kann kaum fassen, was ich nun seh:
Im Mondlicht, auf frisch gefallenem Schnee
steht eine Kutsche, ungelogen,
von acht winzigen Rentieren gezogen!
Und wer sitzt auf dem Kutschbock da?
Ein alter Mann – ihr kennt ihn ja! –
mit rotem Rock, weißbärtig, klein,
das kann der Weihnachtsmann nur sein!
Jetzt feuert er seine Rentiere an:
„Hü, jeder zeigt mir, was er kann!
Hinauf aufs Dach sollt ihr mich ziehn,
genau bis neben den Kamin!"
Und hui!! – mit riesigem Gebraus
landen sie oben auf dem Haus.
Die kleinen Hufe klappern hell.
Der Weihnachtsmann ruft: „Meinen Sack her, schnell!"

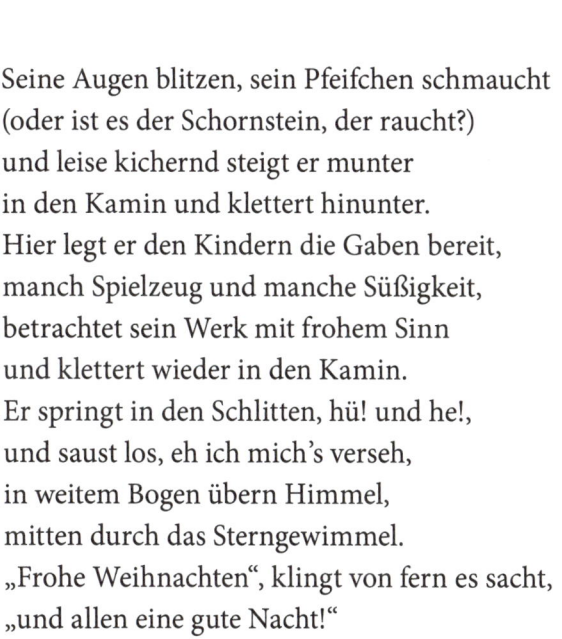

Seine Augen blitzen, sein Pfeifchen schmaucht
(oder ist es der Schornstein, der raucht?)
und leise kichernd steigt er munter
in den Kamin und klettert hinunter.
Hier legt er den Kindern die Gaben bereit,
manch Spielzeug und manche Süßigkeit,
betrachtet sein Werk mit frohem Sinn
und klettert wieder in den Kamin.
Er springt in den Schlitten, hü! und he!,
und saust los, eh ich mich's verseh,
in weitem Bogen übern Himmel,
mitten durch das Sterngewimmel.
„Frohe Weihnachten", klingt von fern es sacht,
„und allen eine gute Nacht!"

CLEMENT CLARKE MOORE

Alle Jahre wieder

Al - le Jah - re wie - der
kommt das Chris - tus - kind
auf die Er - de nie - der,
wo wir Men - schen sind.

Kehrt mit seinem Segen
ein in jedes Haus,
geht auf allen Wegen
mit uns ein und aus.

Steht auch mir zur Seite,
still und unerkannt,
dass es treu mich leite
an der lieben Hand.

WILHELM HEY

Vom Christkind

Denkt euch, ich habe das Christkind gesehen!
Es kam aus dem Walde, das Mützchen voll Schnee,
mit rot gefrorenem Näschen.
Die kleinen Hände taten ihm weh,
denn es trug einen Sack, der war gar schwer,
schleppte und polterte hinter ihm her.

Was drin war, möchtet ihr wissen?
Ihre Naseweise, ihr Schelmenpack –
denkt ihr, er wäre offen, der Sack?
Zugebunden bis oben hin!
Doch war gewiss etwas Schönes drin:
Es roch so nach Äpfeln und Nüssen!

ANNA RITTER

In der Neujahrsnacht

Die Kirchturmglocke
schlägt zwölfmal Bumm.
Das alte Jahr ist wieder mal um.
Die Menschen können sich in den Gassen
vor lauter Übermut gar nicht mehr fassen.
Sie singen und springen umher wie die Flöhe
und werfen die Mützen in die Höhe.
Der Schornsteinfegergeselle Schwerzlich
küsst Konditor Krause recht herzlich.
Der alte Gendarm brummt heute sogar
ein freundliches: Prosit zum neuen Jahr.

JOACHIM RINGELNATZ

Tuff, tuff, tuff, die Eisenbahn

Unterwegs und zu Hause

Der Gockelhahn

Auf der grünen Wiese sitzt ein Gockelhahn,
will so gerne fahren mit der Eisenbahn.
Eisenbahn bleibt stehen, Gockelhahn steigt ein,
fährt zu Tante Liese in die Stadt hinein.

„Guten Morgen, Tante Liese", sagt der Gockelhahn,
„ich bin heut gefahren mit der Eisenbahn."
Tante Liese spricht: „Nein, das glaub ich nicht.
Einen kleinen Gockelhahn nimmt die Bahn nicht mit."

Auf der Eisenbahn

*Kreisspiel:
Die Kinder halten sich an den Händen und laufen im Kreis. Ab „Kinderlein" immer schneller drehen.*

Auf der Eisenbahn steht ein starker Mann,
der macht Feuer an, dass man fahren kann.
Kinderlein, Kinderlein, hängt euch an,
wir fahren mit der Eisenbahn.
Tsch-tsch-tsch, tsch-tsch-tsch.

Tuff, tuff, tuff, die Eisenbahn

Das Kind reitet auf den Knien des Erwachsenen. Einen Ortsnamen und den Namen des Kindes einsetzen, zum Schluss das Kind umarmen.

Tuff, tuff, tuff, die Eisenbahn,
wer will mit nach… fahrn?
Alleine fahren mag ich nicht,
drum nehm ich mir den/die… mit.

Schotter fahren

Schotter fahren, Schotter fahren
auf dem großen Schotterwagen.
Erst die kleinen feinen Steine,
dann die großen, die so stoßen.
Kurve links, Kurve rechts,
und dann kommt ein Loch,
denn die Straße hat 'nen Schaden
und zum Schluss wird abgeladen.

Das Kind reitet auf den Knien des Erwachsenen. Wenn die Steine kommen, die Beine erst schnell wackeln lassen, dann langsam und mit großen Bewegungen. Anschließend das Kind nach links und rechts neigen, hoch- und wieder runterheben und zum Schluss vorsichtig zur Seite kippen lassen.

So fahren die Damen

So fahren die Damen, so fahren die Damen,
so fahren die Damen zum Schloss.
So reiten die Herren, so reiten die Herren,
so reiten die Herren ihr Ross.
So juckelt der Bauer, so juckelt der Bauer,
so juckelt der Bauer aufs Feld.

Das Kind reitet auf den Knien des Erwachsenen. Erst wird es sanft hin- und hergewiegt, dann langsam auf und ab gehoben und zum Schluss kräftig auf den Beinen hin- und hergeschuckelt.

Ri, ra, rutsch

Ri, ra, rutsch, wir fahren mit der Kutsch! Wir fahren mit der Schnecken-post, wo es keinen Pfennig kost'! Ri, ra, rutsch, wir fahren mit der Kutsch!

Ri, ra, rutsch,
wir fahren mit der Kutsch!
Wir fahren über Stock und Stein,
da bricht das Pferdchen sich ein Bein.
Ri, ra, rutsch,
es ist nichts mit der Kutsch!

Ri, ra, ritten,
wir fahren mit dem Schlitten!
Wir fahren übern tiefen See,
da bricht der Schlitten ein, o weh.
Ri, ra, ritten,
wir fahren mit dem Schlitten.

Ri, ra, ruß,
jetzt gehn wir fein zu Fuß!
Da bricht auch kein Pferdebein,
da bricht uns auch kein Schlitten ein.
Ri, ra, ruß,
jetzt gehn wir fein zu Fuß!

Die Räder am Bus

Die Hände vor dem Oberkörper kreisen lassen.	Die Räder am Bus drehen sich rundherum, rundherum, rundherum. Ja, die Räder am Bus drehen sich rundherum, durch die ganze Stadt.
Die Hände vor dem Oberkörper ein- und wieder ausklappen.	Die Türen am Bus gehen auf und zu, auf und zu, auf und zu. Die Türen am Bus gehen auf und zu, durch die ganze Stadt.
Mit den Händen pantomimisch auf eine Hupe drücken.	Die Hupe vom Bus, die macht tut, tut, tut, tut, tut, tut, tut, tut, tut. Die Hupe vom Bus, die macht tut, tut, tut, durch die ganze Stadt.
Mit den Armen Wischbewegungen machen.	Die Wischer am Bus gehen hin und her, hin und her, hin und her. Die Wischer am Bus gehen hin und her, durch die ganze Stadt.
Die Hände zu Fäusten machen und immer wieder öffnen.	Die Blinker am Bus gehen an und aus, an und aus, an und aus. Die Blinker am Bus gehen an und aus durch die ganze Stadt.

Die Maus hat rote Strümpfe an

Mit den Beinen Radel- und dann mit den Armen Ruderbewegungen machen.

Die Maus hat rote Strümpfe an,
damit sie besser radeln kann.
Sie radelt bis nach Dänemark,
denn Radeln macht die Waden stark.
Die Maus hat rote Strümpfe an,
damit sie besser rudern kann.
Sie rudert bis nach Dänemark,
denn Rudern macht die Arme stark.

Ein Auto fährt

Ein Auto fährt, ein Auto fährt, ein Auto fährt, tut, tut.
Erst fährt es langsam wie eine Schnecke,
dann saust es um die Ecke.
Ein Auto fährt, ein Auto fährt, ein Auto fährt, tut, tut.

Das Wandern ist des Müllers Lust

Vom Wasser haben wir's gelernt, vom Wasser haben wir's gelernt, vom Wasser;
das hat nicht Ruh bei Tag und Nacht, ist stets auf Wanderschaft bedacht,
ist stets auf Wanderschaft bedacht, das Wasser.

Das sehn wir auch den Rädern ab, das sehn wir auch den Rädern ab, den Rädern,
die gar nicht gerne stille stehn und sich bei Tag nicht müde drehn
und sich bei Tag nicht müde drehn, die Räder.

Hänschen klein

Hänschen klein ging allein
in die weite Welt hinein.
Stock und Hut stehn ihm gut,
er hat frohen Mut.
Aber Mutter weinet sehr,
hat ja nun kein Hänschen mehr.
Da besinnt sich das Kind,
läuft nach Haus geschwind.

Die Ameisen

In Hamburg lebten zwei Ameisen,
die wollten nach Australien reisen.
Bei Altona auf der Chaussee,
da taten ihnen die Beine weh
und da verzichteten sie weise
dann auf den letzten Teil der Reise.
So will man oft und kann doch nicht
und leistet dann recht gern Verzicht.

JOACHIM RINGELNATZ

Ein Seehund

Ein Seehund lag am Meeresstrand,
putzt sich die Schnauz im weißen Sand.
Oh, möge doch dein Herz so rein
wie diese Seehundschnauze sein.

Ein Schiffchen

Fährt ein Schiffchen auf dem Meer,
schaukelt hin und schaukelt her;
kommt ein großer Sturm,
fällt das Schiffchen um.

Das Kind reitet auf den Knien des Erwachsenen, dabei Schaukelbewegungen machen und immer schneller werden. Zum Schluss fällt das Kind von den Knien „ins Meer" – gut festhalten!

Igels machen sonntags früh

Igels machen sonntags früh
eine Segelbootpartie.
Mit beiden Händen ein Schiffchen formen und hin- und herschaukeln.
Und die Kleinen jauchzen so,
Beide Arme nach oben strecken und hin- und herbewegen.
denn das Boot, das schaukelt so.
Wieder das Schiffchen mit beiden Händen schaukeln lassen.
Fallt nicht raus, ruft Mutter Igel,
Mit dem Zeigefinger warnen.
denn ihr habt ja keine Flügel.
Mit den Armen Flugbewegungen machen.
Wenn ihr dann ins Wasser fallt,
Hände auf den Boden fallen lassen.
huuh – da ist es nass und kalt!
Sich selbst umarmen und zittern, als würde man frieren.

Hab 'ne Tante aus Marokko

Die Ausrufe am Zeilenende werden durch entsprechende Bewegungen ergänzt, die sich aus dem Inhalt ergeben (z. B. bei „gluck, gluck" wie aus einer Flasche trinken) oder selbst erfunden werden können. In der letzten Zeile jeder Strophe werden dann die Ausrufe und Bewegungen aus allen vorherigen Strophen wiederholt, z. B. in Strophe 3: hipp, hopp, hoppeldipopp, piff, paff.

Hab 'ne Tante aus Marokko und die kommt – hipp, hopp,
hab 'ne Tante aus Marokko und die kommt – hipp, hopp.
Hab 'ne Tante aus Marokko, hab 'ne Tante aus Marokko,
hab 'ne Tante aus Marokko und die kommt – hipp, hopp.

Und sie kommt auf zwei Kamelen,
wenn sie kommt – hoppeldipopp …

Und sie schießt mit zwei Pistolen,
wenn sie kommt – piff, paff …

Und dann trinken wir 'ne Limo,
wenn sie kommt – gluck, gluck …

Und dann essen wir 'ne Torte,
wenn sie kommt – schmatz, schmatz …

Und dann schrubben wir die Bude,
wenn sie kommt – schrubb, schrubb …

Und dann kommt ein Telegramm,
dass sie nicht kommt – ooooh …

Und dann kommt ein Telegramm,
dass sie doch kommt – hurra, hurra …

Und dann läuten alle Glocken,
wenn sie kommt – ding, dong …

Dunkel war's, der Mond schien helle

Kichern, rätseln
und Quatsch machen

Dunkel war's, der Mond schien helle

Dunkel war's, der Mond schien helle,
schneebedeckt die grüne Flur,
als ein Wagen blitzeschnelle
langsam um die Ecke fuhr.

Drinnen saßen stehend Leute,
schweigend ins Gespräch vertieft,
als ein totgeschossner Hase
auf der Sandbank Schlittschuh lief.

Und ein blond gelockter Jüngling
mit kohlrabenschwarzem Haar
saß auf einer grünen Kiste,
die rot angestrichen war.

Neben ihm 'ne alte Schrulle,
zählte kaum erst sechzehn Jahr,
in der Hand 'ne Butterstulle,
die mit Schmalz bestrichen war.

Drei Hasen tanzen im Mondschein

Drei Hasen tanzen im Mondschein
im Wiesenwinkel am See:
Der eine ist ein Löwe,
der andre eine Möwe,
der dritte ist ein Reh.

CHRISTIAN MORGENSTERN

Eine Kuh

Eine Kuh, die saß im Schwalbennest
mit sieben jungen Ziegen,
sie feierten ihr Jubelfest
und fingen an zu fliegen.
Der Esel zog Pantoffeln an,
ist übers Haus geflogen.
Und wenn das nicht die Wahrheit ist,
dann ist es halt gelogen!

GUSTAV FALKE

Am Brunnen vor dem Tore

Am Brunnen vor dem Tore,
da steht einen Birnenbaum,
er trägt so süße Äpfel,
man sieht die Kirschen kaum.

Mit Knöpfen kann man knöpfen

Mit Knöpfen kann man knöpfen,
mit Riegeln kann man riegeln.
Mit Spritzen kann man spritzen,
mit Spiegeln kann man spiegeln.
Mit Zügeln kann man zügeln,
in Wiegen kann man wiegen.
Doch mit Flügeln kann man nicht flügeln,
mit Flügeln kann man …

PAUL MAAR

Wenn die Möpse Schnäpse trinken

Wenn die Möpse Schnäpse trinken,
wenn vorm Spiegel Igel stehn,
wenn vor Föhren Bären winken,
wenn die Ochsen boxen gehn,
wenn im Schlafe Schafe blöken,
wenn im Tal ein Wal erscheint,
wenn in Wecken Schnecken stecken,
wenn die Meise leise weint,
wenn Giraffen Affen fangen,
wenn ein Mäuslein Läuslein wiegt,
wenn an Stangen Schlangen hangen,
wenn der Biber Fieber kriegt,
dann entsteht zwar ein Gedicht,
aber sinnvoll ist es nicht!

JAMES KRÜSS

Großus Bärus

In des Waldes tiefsten Gründen
ist ein großer Bär zu finden.
In des Waldus tiefstus Gründus
ist ein großus Bärus findus.
In des Waldchim tiefstchim Gründchim
ist ein großchim Bärchim findchim.
In des Waldoli tiefstoli Gründoli
ist ein großoli Bäroli findoli.
In des Waldlatsch tiefstlatsch Gründlatsch
ist ein großlatsch Bärlatsch findlatsch.

Gedicht in Bi-Sprache

Ibich habibebi dibich,
Lobittebi, sobi liebib.

Habist aubich dubi mibich
liebib? Neibin, vebirgibib.

Nabih obidebir febirn,
Gobitt seibi dibir gubit.
Meibin Hebirz habit gebirn
abin dibir gebirubiht.

JOACHIM RINGELNATZ

Das Königreich von Nirgendwo

Das Königreich von Nirgendwo
liegt tief am Meeresgrund.
Dort wohnt der König Soundso
mit Niemand, seinem Hund.

Die Königin heißt Keinesfalls.
Sie ist erstaunlich klein,
hat einen langen Schwanenhals
und sagt beständig: Nein!

Und Keiner ist der Hofmarschall.
Er trinkt gern süße Luft.
Sein Haus (gleich neben Niemands Stall)
besteht aus Kieselduft.

Die Köchin Olga Nimmermehr,
die wohnt in Keiners Haus.
Sie putzt und werkelt immer sehr
und kocht tagein, tagaus.

Am liebsten kocht sie Grabgeläut,
mit Seufzern fein gemischt.
Das wird im Schloss zu Keinerzeit
meist Niemand aufgetischt.

Oft macht die Katze Niemals hier
zu Keinerzeit Tumult.
Dann sorgt sich Keiner um das Tier,
und Niemand kriegt die Schuld.

Man schimpft ihn tüchtig aus und lässt
ihn prügeln noch und noch.
Für Nimmermehr gibt's Hausarrest
und Keiner muss ins Loch.

Doch meist ist König Soundso
sehr friedlich und human.
Drum liebt im ganzen Nirgendwo
ihn jeder Untertan.

Ich selber ging mal seinerzeit
zu einer Zeit im Mai
(man tat so was zu meiner Zeit)
an Keinerzeit vorbei.

Das Meer war still. Und Keiner stand
am Zaun, nach mir zu schaun.
Schloss Keinerzeit lag linker Hand
und Niemand rechts am Zaun.

Das Königreich von Nirgendwo
liegt irgendwo am Grund.
Dort wohnt der König Soundso
mit Niemand, seinem Hund!

JAMES KRÜSS

Schüttelreime und Zungenbrecher

Hinter Hermann Hannes Haus hängen hundert Hemden raus –
hundert Hemden hängen raus hinter Hannes Hermanns Haus.

Der Leutnant von Leuthen
befahl seinen Leuten,
nicht eher zu läuten,
bis der Leutnant von Leuthen
seinen Leuten
das Läuten befahl.

Ein plappernder Kaplan klebt Papp-Plakate –
Papp-Plakate klebt ein plappernder Kaplan.

Ins Teppichhaus die Käufer laufen.
Alle wollen Läufer kaufen.

Blaukraut bleibt Blaukraut und Brautkleid bleibt Brautkleid.

Wenn Fliegen hinter Fliegen fliegen, fliegen Fliegen Fliegen nach.

Der Cottbuser Postkutscher putzt den Cottbuser Postkutschkasten.

Wir Wiener Waschweiber würden weiße Wäsche waschen,
wenn wir wüssten, wo warmes weiches Wasser wär.

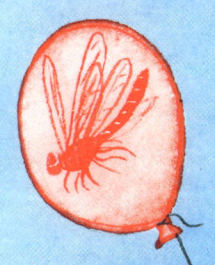

Auf den sieben Robbenklippen sitzen sieben Robbensippen,
die sich in die Rippen stippen, bis sie von den Klippen kippen.

Zwischen zwei Zwetschgenzweigen zwitschern zwei Schwalben –
zwei Schwalben zwitschern zwischen zwei Zwetschgenzweigen.

Fischers Fritz fischt frische Fische – frische Fische fischt Fischers Fritz.

Esel essen Nesseln nicht – Nesseln essen Esel nicht.

Zehn zahme Ziegen zogen zehn Zentner Zucker zum Zoo.

Zwei zischende Schlangen sitzen zwischen zwei spitzen Steinen.

Es klapperten die Klapperschlangen,
bis ihre Klappern schlapper klangen.

In der ganzen Hunderunde
sah man nichts als runde Hunde.

Menschen mögen Möwen leiden,
während sie die Löwen meiden.

Viele kleine Abzählreime

Eine kleine Micky Maus
zog sich mal die Hose aus.
Zog sie wieder an,
und du bist dran!

Eins, zwei, drei, vier, fünf,
der Storch hat keine Strümpf,
der Frosch hat kein Haus,
und du musst raus!

Lirum, larum, Löffelstiel,
wer das nicht kann,
der kann nicht viel.
Lirum, larum, leck,
und du bist weg.

Ene, mene, muh,
und raus bist du!

Henriette,
goldene Kette,
goldener Schuh,
und raus bist du!

Ene, mene, miste,
es rappelt in der Kiste,
ene, mene, meck
und du bist weg!
Weg bist du noch lange nicht,
sag mir erst, wie alt du bist.

Schnicke, schnacke, Schnecke,
kriechst langsam um die Ecke.
Schnick, schnack, Schneck,
und du bist weg.

Itzen ditzen
Silberspitzen,
itzen ditzen daus,
und du bist raus.

Ich und du,
Müllers Kuh,
Müllers Esel, das bist du.

Eins, zwei, Polizei,
drei, vier, Offizier,
fünf, sechs, alte Hex,
sieben, acht, gute Nacht,
neun, zehn, auf Wiedersehn,
elf, zwölf, böse Wölf,
dreizehn, vierzehn, kleine Maus,
ich bin drin und du bist raus!

Eine kleine Piepmaus
lief ums Rathaus,
wollte sich was kaufen,
hatte sich verlaufen.
Schillewipp, schillewapp,
und du bist ab.

Bille, balle, malle,
Maus sitzt in der Falle,
Falle geht entzwei,
und du bist frei!

Auf einem bi-ba-bunten Berge

Auf einem bi-ba-bunten Berge
wohnen bi-ba-bunte Zwerge.
Und die bi-ba-bunten Zwerge
haben bi-ba-bunte Kinder.
Und die bi-ba-bunten Kinder
essen jeden Tag ein Ei:
Eins, zwei, drei,
und du bist frei!

Auf einem Gummi-Gummi-Berg

Auf einem Gummi-Gummi-Berg,
da saß ein Gummi-Gummi-Zwerg.
Der Gummi-Gummi-Zwerg
hat eine Gummi-Gummi-Frau.
Die Gummi-Gummi-Frau
hat ein Gummi-Gummi-Kind.
Das Gummi-Gummi-Kind
hat eine Gummi-Gummi-Hose.
Die Gummi-Gummi-Hose
hat ein Gummi-Gummi-Loch.
Und du bist es doch.

Ein Männlein steht im Walde

Ein Männlein steht im Walde ganz still und stumm,
es hat von lauter Purpur ein Mäntlein um.
Sagt, wer mag das Männlein sein,
das da steht im Wald allein
mit dem purpurroten Mäntelein?

Das Männlein steht im Walde auf einem Bein
und hat auf seinem Haupte schwarz Käpplein klein.
Sagt, wer mag das Männlein sein,
das da steht im Wald allein
mit dem kleinen schwarzen Käppelein?

(Das Männlein dort auf einem Bein
mit seinem roten Mäntelein
und seinem schwarzen Käppelein
kann nur die Hagebutte sein.)

HOFFMANN VON FALLERSLEBEN

Scherzfragen

Wer geht alle Tage aus
und bleibt doch stets zu Haus?
Die Schnecke

Welche Maus kann fliegen?
Die Fledermaus

Welcher große Strauß hat keine Blumen?
Der Vogel Strauß

Ich pflücke es im Grase,
dann steck ich's in die Vase.
Die Blume

Wer hat einen Kamm und kämmt sich nicht?
Der Hahn

Welches Glöckchen hört man nicht?
Das Maiglöckchen

Welche Meisen können nicht singen?
Die Ameisen

Welche Hähne können nicht krähen?
Die Wasserhähne

Welche Nadeln taugen nicht zum Nähen?
Die Tannennadeln

Kein Feuer zu sehn,
aber es brennt ganz schön.
Die Brennnessel

Welcher Baum dreht sich im Nu?
Der Purzelbaum

Wer steht im Wald auf einem Bein?
Der Pilz

Es hat ein rotes Mützchen auf,
weiße Punkte sind darauf.
Der Fliegenpilz

Wer kann ein Netz an Zweigen weben?
Die Spinne

Wer rollt, springt und ist kugelrund?
Der Ball

Welcher Mann schmilzt in der Sonne?
Der Schneemann

Wann sind die Kinder am bravsten?
Wenn sie schlafen

Auf unsrer Wiese gehet was

Ihr denkt: Das ist der Klapperstorch, watet durch die Sümpfe.
Er hat ein schwarz-weiß' Röcklein an und trägt rote Strümpfe.
Fängt die Frösche, schnapp, schnapp, schnapp.
Klappert lustig, klapperdiklapp. Nein, das ist Frau Störchin.

Heile, heile Gänschen

Trösten und beruhigen

Heile, heile Gänschen

Das Kind streicheln und auf die wehe Stelle pusten.

Heile, heile Gänschen,
es ist bald wieder gut.
Das Kätzchen hat ein Schwänzchen,
es ist bald wieder gut.
Heile, heile Mausespeck,
in hundert Jahrn ist alles weg.

Heile, heile Kätzchen

Das Kind streicheln und auf die wehe Stelle pusten.

Heile, heile Kätzchen,
's Kätzchen hat vier Tätzchen,
's Kätzchen hat 'nen langen Schwanz,
bald ist wieder alles ganz.

Heile, heile Segen

Das Kind streicheln und auf die wehe Stelle pusten.

Heile, heile Segen,
morgen gibt es Regen,
übermorgen gibt es Schnee,
gleich tut's nicht mehr weh!

Drei Tage Sonnenschein

Das Kind streicheln und auf die wehe Stelle pusten.

Heile, heile Segen,
drei Tage Regen,
drei Tage Sonnenschein,
dann wird's wieder besser sein.

Genug vom Weinen

Genug, genug vom Weinen,
die Sonn wird wieder scheinen,
die Glocken werden klingen,
die Vögel werden singen,
die Enten werden schnattern,
die Hühner werden gackern,
der Hahn wird wieder schrein
und du wirst wieder lustig sein.

Morgen ist es längst vorbei

Wo tut's weh?
Trink ein Schlückchen Tee,
iss ein Löffelchen Haferbrei,
morgen ist es längst vorbei!

Denkt euch nur, der Frosch ist krank!

Denkt euch nur, der Frosch ist krank!
Liegt nur auf der Ofenbank,
quakt nicht mehr, wer weiß wie lang,
ach, wie fehlt mir sein Gesang!
Denkt euch nur, der Frosch ist krank!

Wo tut's weh?

Bei diesem Spruch kann man gut ein Kühlkissen („Schnee") auf die wehe Stelle legen und bei „Wind" pusten.

Wo tut's weh?
Hol ein bisschen Schnee,
hol ein bisschen kühlen Wind,
dann vergeht es ganz geschwind!

Ene, mene, minke, tinke

Ene, mene, minke, tinke,
wade, rade, rolke, tolke,
wiggel, waggel, weg.

Auf dem Berge Sinai

Auf dem Berge Sinai
wohnt der Schneider Kikriki,
seine Frau, die Margarete,
saß auf dem Balkon und nähte,
fiel herab, fiel herab
und das linke Bein brach ab.
Kam der Doktor hergerannt
mit der Nadel in der Hand,
näht es an, näht es an,
dass sie wieder laufen kann.

Mäh, Lämmchen, mäh!

Mäh, Lämmchen, mäh!
Das Lämmchen ging im Klee.
Da stieß es an ein Steinchen,
da tat ihm weh sein Beinchen.
Mäh, Lämmchen, mäh!

Mäh, Lämmchen, mäh!
Das Lämmchen ging im Klee.
Da stieß es an ein Stöckchen,
da tat ihm weh sein Köpfchen.
Mäh, Lämmchen, mäh!

Mäh, Lämmchen, mäh!
Das Lämmchen ging im Klee.
Da stieß es an ein Sträuchelchen,
da tat ihm weh sein Bäuchelchen.
Mäh, Lämmchen, mäh!

Mäh, Lämmchen, mäh!
Das Lämmchen ging im Klee.
Da stieß es an ein Hölzchen,
da tat ihm weh sein Hälschen.
Mäh, Lämmchen, mäh!

Häschen in der Grube

Häschen in der Grube saß und schlief. Armes Häschen, bist du krank, dass du nicht mehr hüpfen kannst? Häschen hüpf, Häschen hüpf, Häschen hüpf!

Das Kind hockt auf dem Boden und verbirgt den Kopf in den Armen. Bei der letzten Zeile stellt es pantomimisch dar, es schlucke Medizin.

Häschen in der Grube
nickt und weint.
Doktor, komm geschwind herbei
und verschreib ihm Arznei.
Häschen schluck, Häschen schluck, Häschen schluck!

Das Kind hockt auf dem Boden und verbirgt den Kopf in den Armen. Bei der letzten Zeile läuft es im Galopp.

Häschen in der Grube
hüpft und springt.
Häschen, bist du schon kuriert?
Hui, das rennt und galoppiert!
Häschen hopp, Häschen hopp, Häschen hopp!

FRIEDRICH FRÖBEL

Schluckauf und ich

Schluckauf und ich
gingen übern Steg,
Schluckauf fiel rein
und ich lief weg.

Der klitzekleine Schelm

Der Reihe nach an allen fünf Fingern der Kinderhand zupfen (beim Daumen beginnen).

Der ist ins Wasser gefallen,
der hat ihn rausgeholt,
der hat ihn ins Bett gelegt,
der hat ihn zugedeckt
und der klitzekleine Schelm da,
der hat ihn wieder aufgeweckt.

Plumps

Das Kind reitet auf den Knien des Erwachsenen. Bei dem Wort „plumpsen" das Kind zwischen die Beine rutschen lassen. Bei „hätt ich ihn nicht rausgeholt" das Kind langsam wieder hochziehen.

Ist ein Mann in'n Brunn gefallen,
hab ihn hören plumpsen,
hätt ich ihn nicht rausgeholt,
so wär er glatt ertrunken.

Wenn das Lama wütend ist

Wenn das Lama wütend ist,
musst du dich rasch ducken.
Nur eines hat es noch im Sinn:
Es will tüchtig spucken.

Wenn das Flusspferd wütend ist,
bring dich rasch in Sicherheit.
In seinem riesengroßen Zorn
walzt es alles platt und breit.

Wenn die Katze wütend ist,
lass sie schnell in Ruh.
Mit ihrer scharfen Krallentatze
schlägt sie sogleich zu.

Wenn du einmal wütend bist,
wenn Angst und Zorn dich plagen,
dann denk: Du bist kein wildes Tier,
du kannst mir alles sagen.

MONIKA RIEGER

Mutmachsprüche

Hab Sonne im Herzen, ob's stürmt oder schneit,
ob der Himmel voll Wolken, die Erde voll Streit.
Hab Sonne im Herzen, dann komme, was mag,
das leuchtet voll Licht dir den dunkelsten Tag!

CÄSAR FLAISCHLEN

Vögel, die nicht singen,
Glocken, die nicht klingen,
Kinder, die nicht lachen.
Was sind das für Sachen?

Bist du traurig, hast du Sorgen,
soll ich dir mein Lächeln borgen?
(Halt's nur fest, und bringt's dir Glück,
gib's mir irgendwann zurück!)

Du bist mein Glück,
du bist mein Stern –
auch wenn du brummst,
hab ich dich gern!

Sei immer froh gestimmt und munter
und lass der Sonne ihren Lauf,
am Abend geht sie eben unter,
am Morgen jedoch wieder auf.

Guten Abend, gute Nacht

Einschlafen und träumen

Guten Abend, gut Nacht

Gu-ten A-bend, gut Nacht! Mit Ro-sen be-dacht, mit Näg-lein be-steckt, schlupf un-ter die Deck! Mor-gen früh, wann Gott will, wirst du wie-der ge-weckt, mor-gen früh, wann Gott will, wirst du wie-der ge-weckt.

Guten Abend, gut Nacht!
Von Englein bewacht,
die zeigen im Traum
dir Christkindleins Baum.
Schlaf nun selig und süß,
schau im Traum 's Paradies,
schlaf nun selig und süß,
schau im Traum 's Paradies.

La-Le-Lu

La-Le-Lu,
nur der Mann im Mond schaut zu,
wenn die kleinen Babys schlafen,
drum schlaf auch du.

La-Le-Lu,
vor dem Bettchen stehn zwei Schuh
und die sind genauso müde,
gehn jetzt zur Ruh.

Dann kommt auch der Sandmann,
leis tritt er ins Haus,
sucht aus seinen Träumen
dir den schönsten aus.

La-Le-Lu …

Sind alle die Sterne
am Himmel erwacht,
dann sing ich so gerne
ein Lied für dich zur Nacht.

La-Le-Lu …

HEINO GAZE

Weißt du, wie viel Mücklein spielen
in der hellen Sonnenglut,
wie viel Fischlein auch sich kühlen
in der hellen Wasserflut?
Gott, der Herr, rief sie mit Namen,
dass sie all ins Leben kamen,
dass sie nun so fröhlich sind,
dass sie nun so fröhlich sind.

Weißt du, wie viel Kinder frühe
stehn aus ihrem Bettlein auf,
dass sie ohne Sorg und Mühe
fröhlich sind im Tageslauf?
Gott im Himmel hat an allen
seine Lust, sein Wohlgefallen,
kennt auch dich und hat dich lieb,
kennt auch dich und hat dich lieb.

WILHELM HEY

Sieben kleine Sterne

Mit den Fingerspitzen
in die Luft tippen,
um die Sterne zu zeigen.
Dann vorsichtig die Hände
über die Augen
des Kindes legen.
Das Ganze für die nächsten
Strophen wiederholen –
einmal sind die Finger
die Schafe, die angelaufen
kommen, und einmal
die kleinen Feen,
die neben dem Kopf
des Kindes Wacht halten.

Sieben kleine Sterne
leuchten in der Ferne,
halten Wacht
die ganze Nacht,
schnell die Augen zugemacht.

Sieben kleine Schafe
kommen dann im Schlafe,
halten Wacht
die ganze Nacht,
schnell die Augen zugemacht.

Sieben kleine Feen
werden bei dir stehen,
halten Wacht
die ganze Nacht,
schnell die Augen zugemacht.

Ich weiß einen Stern

Ich weiß einen Stern
gar wundersam,
darauf man lachen
und weinen kann.

Mit Städten,
voll von tausend Dingen.
Mit Wäldern,
darin die Rehe springen.

Ich weiß einen Stern,
drauf Blumen blühn,
drauf herrliche Schiffe
durch Meere ziehn.

Wir sind seine Kinder,
wir haben ihn gern:
Erde, so heißt
unser lieber Stern.

JOSEF GUGGENMOS

Ich bin der kleine Hampelmann

Ich bin der kleine Hampelmann,
der Arm und Bein bewegen kann.
Mal links, hm, hm,
mal rechts, hm, hm,
mal auf, hm, hm,
mal ab, hm, hm,
und manchmal auch klipp-klapp.

Man hängt mich einfach an die Wand
und zieht an einem langen Band.
Mal links, hm, hm,
mal rechts, hm, hm,
mal auf, hm, hm,
mal ab, hm, hm,
und manchmal auch klipp-klapp.

Ich mache stets ein froh Gesicht,
das Lachen, das vergeht mir nicht.
Mal links, hm, hm,
mal rechts, hm, hm,
mal auf, hm, hm,
mal ab, hm, hm,
und manchmal auch klipp-klapp.

Alle Bewegungen des Hampelmanns mit Armen und Beinen pantomimisch darstellen.

Mein Kopf, der ist ganz müd und schwer,
vom vielen Zappeln, hin und her.
Mal links, hm, hm,
mal rechts, hm, hm,
mal auf, hm, hm,
mal ab, hm, hm,
und manchmal auch klipp-klapp.

Und kommt für mich die Schlafenszeit,
dann bin ich armer Mann befreit.
Mal links, hm, hm,
mal rechts, hm, hm,
mal auf, hm, hm,
mal ab, hm, hm,
und manchmal auch klipp-klapp.

Es wird bald Abend sein

Bei den ersten drei Zeilen jeweils einmal in die Hände klatschen und dann die Hände hinter dem Rücken verstecken.

Tiere laufen hopp, hopp, hopp,
immer im Galopp, Galopp.
Laufen in den Stall hinein,
denn es wird bald Abend sein.

Ins Bettlein

Die Finger nacheinander zeigen, anschließend die eine Hand in die andere „betten".

Zum Däumchen sag ich eins,
zum Zeigefinger zwei,
zum Mittelfinger drei,
zum Ringfinger vier,
zum kleinen Finger fünf!
Hab alle ins Bettlein schlafen gelegt,
still, dass keiner sich mehr regt.

Wer hat die schönsten Schäfchen?

Wer hat die schönsten Schäfchen?
Die hat der goldne Mond,
der hinter jenen Bäumen
am Himmel droben wohnt.

Er kommt am späten Abend,
wenn alles schlafen will,
hervor aus seinem Hause
zum Himmel leis und still.

Dann weidet er die Schäfchen
auf seiner blauen Flur,
denn all die weißen Sterne
sind seine Schäfchen nur.

Sie tun uns nichts zuleide,
hat eins das andre gern,
und Schwestern sind und Brüder
da droben Stern an Stern.

Und soll ich dir eins bringen,
so darfst du niemals schrein,
musst freundlich wie die Schäfchen
und wie ihr Schäfer sein.

HOFFMANN VON FALLERSLEBEN

Die Blümelein, sie schlafen

Die Blümelein, sie schlafen schon längst im Mondenschein,
sie nicken mit den Köpfchen auf ihren Stängelein.
Es rüttelt sich der Blütenbaum, er säuselt wie im Traum:
Schlafe, schlafe, schlaf ein, mein Kindelein.

Die Vögelein, sie sangen so hell im Sonnenschein,
sie sind zur Ruh gegangen in ihre Nestchen klein.
Das Heimchen in dem Ährengrund, das tut allein sich kund.
Schlafe, schlafe, schlaf ein, mein Kindelein.

Sandmännchen kommt geschlichen und schaut durchs Fensterlein,
ob irgend noch ein Liebchen nicht mag zu Bette sein;
und wo er noch ein Kindchen fand, streut er ins Aug ihm Sand.
Schlafe, schlafe, schlaf ein, mein Kindelein.

Ins Bett geschwind

Husch, husch, husch, ins Bett geschwind
schlüpft am Abend jedes Kind.
Sandmann kommt auf leisen Sohlen,
steigt durchs Fenster ganz verstohlen,
schleicht im Nachthemd durch das Haus,
schüttet seine Träume aus.

Schlaf, mein kleines Mäuschen

Schlaf, mein kleines Mäuschen,
schlaf bis morgen früh,
bis der Hahn im Häuschen
ruft sein Kikeriki.

Kommt ein Traum gesegelt

Kommt ein Traum gesegelt
aus der Wolke sacht,
kuschelt sich zu …,
schlaf schön, gute Nacht.

Den Namen des Kindes einsetzen.

Schlaf, Kindlein, schlaf

Schlaf, Kindlein, schlaf,
der Vater hüt' die Schaf,
die Mutter schüttelt's Bäumelein,
da fällt herab ein Träumelein.
Schlaf, Kindlein, schlaf!

Schlaf, Kindlein, schlaf,
am Himmel ziehn die Schaf,
die Sternlein sind die Lämmerlein,
der Mond, der ist das Schäferlein.
Schlaf, Kindlein, schlaf!

Schlaf, Kindlein, schlaf,
so schenk ich dir ein Schaf
mit einer goldnen Schelle fein,
das soll dein Spielgeselle sein.
Schlaf, Kindlein, schlaf!

Schlaf, Kindlein, schlaf,
geh fort und hüt die Schaf,
geh fort, du schwarzes Hündelein,
und weck nur nicht mein Kindelein.
Schlaf, Kindlein, schlaf.

Still, still, still

Still, still, still, weil's Kindlein schlafen will.
Die Vöglein draußen auf den Bäumen
schlafen auch schon fest und träumen.
Still, still, still, weil's Kindlein schlafen will.

Schlaf, schlaf, schlaf, mein liebes Kindlein, schlaf.
Ich will dir noch ein Liedchen singen
und dich dann ins Bettchen bringen.
Schlaf, schlaf, schlaf, mein liebes Kindlein, schlaf.

Träum, träum, träum, mein liebes Kindlein, träum.
Dein Püppchen und dein Kuscheltier,
die schlafen auch schon neben dir.
Träum, träum, träum, mein liebes Kindlein, träum.

Der Mond ist aufgegangen

Der Mond ist auf-ge-gan-gen, die gold-nen Stern-lein pran-gen am Him-mel hell und klar. Der Wald steht schwarz und schwei-get und aus den Wie-sen stei-get der wei-ße Ne-bel wun-der-bar.

Wie ist die Welt so stille und in der Dämmrung Hülle
so traulich und so hold
als eine stille Kammer, wo ihr des Tages Jammer
verschlafen und vergessen sollt.

Seht ihr den Mond dort stehen, er ist nur halb zu sehen
und ist doch rund und schön.
So sind wohl manche Sachen, die wir getrost verlachen,
weil unsere Augen sie nicht sehn.

MATTHIAS CLAUDIUS

Lied vom Monde

Wind, Wind, sause,
der Mond ist nicht zu Hause;
er ist wohl hinter den Berg gegangen,
will vielleicht eine Sternschnuppe fangen,
Wind, Wind, sause.

Stern, Stern, scheine,
der Mond, der ist noch kleine;
er hat die Sichel in der Hand,
er mäht das Gras am Himmelsrand,
Stern, Stern, scheine.

Singe, Vogel, singe,
der Mond ist guter Dinge;
er steckt den halben Taler raus,
das sieht blank und lustig aus,
singe, Vogel, singe.

Und hell wird's, immer heller;
der Mond, der hat 'nen Teller
mit allerfeinstem Silbersand,
den streut er über Meer und Land,
und hell wird's, immer heller.

PAULA DEHMEL

Nach der Melodie von
„A B C, die Katze
lief im Schnee"

Eins, zwei, drei, das Spielen ist vorbei

Eins, zwei, drei, das Spielen ist vorbei.
Alle Kinder, groß und klein,
räumen ihre Sachen ein.
Eins, zwei, drei, das Spielen ist vorbei.

Wir klatschen jetzt auf Wiedersehn

Die jeweilige Bewegung
beim Singen mitmachen.
Besonderen Spaß
macht es den Kindern,
wenn sie neue Bewegungen
selbst dazu erfinden dürfen.

Wir klatschen jetzt
auf Wiedersehn, Wiedersehn, Wiedersehn,
wir klatschen jetzt auf Wiedersehn, Wiedersehn.

Wir winken jetzt
auf Wiedersehn, Wiedersehn, Wiedersehn,
wir winken jetzt auf Wiedersehn, Wiedersehn.

Wir stampfen jetzt …
Wir trommeln jetzt …
Wir hüpfen jetzt …

Bevor wir auseinandergehn

Erst mit der rechten, dann mit der linken Hand winken und zum Schluss einen Handkuss in den Raum werfen oder das Kind küssen.

Bevor wir auseinandergehn,
sagen wir auf Wiedersehn.
Zuerst die Rechte, dann die Linke,
machen beide winke, winke.
Und zum Schluss –
einen dicken Abschiedskuss.

Alle Leut, alle Leut

Erst winken, dann die Hand nach ganz oben und nach ganz unten bewegen, um große und kleine Leute darzustellen. Anschließend mit beiden Händen einen dicken und einen dünnen Bauch andeuten. Zum Schluss noch einmal winken.

Alle Leut, alle Leut
gehn jetzt nach Haus,
große Leut, kleine Leut,
dicke Leut, dünne Leut.
Alle Leut, alle Leut
gehn jetzt nach Haus.
Sagen auf Wiedersehn,
es war so wunderschön,
alle Leut, alle Leut
gehn jetzt nach Haus.

Register

LIEDER

- 10 Guten Morgen*
- 10 Guten Morgen, liebe Sonne*
- 14 Schön, dass du da bist!*
- 15 Bruder Jakob*
- 18 Guten Tag, Sonnenschein*
- 21 Brüderchen, komm, tanz mit mir
- 22 Das Karussell*
- 23 Taler, Taler, du musst wandern
- 24 Wer will fleißige Handwerker sehn
- 27 Mein Hut, der hat drei Ecken*
- 27 Es geht eine Zipfelmütz ...*
- 28 Unsere Hände sind verschwunden*
- 29 Wie das Fähnchen auf dem Turme*
- 32 Zeigt her eure Füße*
- 33 Hände waschen, Hände waschen*
- 34 Wie schön, dass du geboren bist*, Rolf Zuckowski
- 35 Kräht der Hahn früh am Morgen*, nach Paula Dehmel
- 39 Wir haben Hunger!*
- 43 Backe, backe Kuchen
- 52 Sonnenkäfer*, Else Marie Bülau
- 54 Die Vogelhochzeit*
- 56 Alle meine Entchen*
- 57 Kommt ein Vogel geflogen
- 62 Der Kuckuck und der Esel
- 64 Der Katzentatzentanz*, Fredrik Vahle
- 66 Mein Dackel Waldemar*
- 67 Ein Bauer hatte einen Hund*
- 68 Was müssen das für Bäume sein*
- 69 Ich bin ein dicker Tanzbär*
- 71 Hopp, hopp, hopp, Pferdchen, lauf Galopp! Karl Hahn
- 77 Bi-Ba-Butzemann*
- 80 Dornröschen war ein schönes Kind
- 82 Hänsel und Gretel*
- 90 Alle Vögel sind schon da, Hoffmann von Fallersleben
- 93 Im Märzen der Bauer
- 96 Der Mai ist gekommen*, Emanuel Geibel
- 98 Es regnet, es regnet*
- 101 Trarira, der Sommer, der ist da*
- 103 Summ, summ, summ*
- 104 Ich hol mir eine Leiter*
- 107 Ich geh mit meiner Laterne*
- 108 Durch die Straßen auf und nieder*, Lieselotte Holzmeister
- 108 Laterne, Laterne*
- 109 Sankt Martin*
- 110 Schneeflöckchen, Weißröckchen
- 113 A B C, die Katze lief im Schnee
- 118 Lasst uns froh und munter sein
- 119 Nikolaus, komm in unser Haus*
- 120 Advent, Advent, ein Lichtlein brennt*
- 121 Morgen, Kinder, wird's was geben
- 122 O Tannenbaum
- 126 Alle Jahre wieder

* Lieder ohne Notensatz

130 Der Gockelhahn*
130 Auf der Eisenbahn*
130 Tuff, tuff, tuff, die Eisenbahn*
132 Ri, ra, rutsch
134 Die Räder am Bus*
136 Das Wandern ist des Müllers Lust
137 Hänschen klein*
140 Hab 'ne Tante aus Marokko*
153 Ein Männlein steht im Walde*,
    Hoffmann von Fallersleben
156 Auf unsrer Wiese gehet was
162 Mäh, Lämmchen, mäh*
163 Häschen in der Grube, Friedrich Fröbel
168 Guten Abend, gut Nacht
169 La-Le-Lu*, Heino Gaze
170 Weißt du, wie viel Sternlein stehen?, Wilhelm Hey
178 Die Blümelein, sie schlafen
180 Schlaf, Kindlein, schlaf*
181 Still, still, still*
182 Der Mond ist aufgegangen, Matthias Claudius
184 Eins, zwei, drei, das Spielen ist vorbei*
184 Wir klatschen jetzt auf Wiedersehn*
185 Alle Leut, alle Leut*

FINGERSPIELE / KITZELSPIELE

10 Guten Morgen
10 Guten Morgen, liebe Sonne
11 Kribbel krabbel Mäuschen
11 Es war einmal ein Floh
11 Da kommt ein Bär
12 Füßchengekrabbel
12 Kniechen knick
12 Herr Pinz und Herr Panz
13 Guten Morgen, ihr Beinchen!, Paula Dehmel
13 Der große Zeh
15 Es geht ein Mann ...
15 Kinnewippchen
18 Guten-Morgen-Kuss
18 Nasenhasenkuss
18 Guten Tag, Sonnenschein
27 Mein Hut, der hat drei Ecken
28 Unsere Hände sind verschwunden
29 Wie das Fähnchen auf dem Turme
30 Zehn kleine Finger
33 Hände waschen, Hände waschen
36 Ein großer runder Luftballon
39 Pizza-Massage
40 Das ist der Daumen
40 Wir lieben Obst
41 Die zankenden Zwerge
42 Die Kartoffelernte
50 In unserem Häuschen

51 Wer kommt?
52 Kleine Schnecke
52 Sonnenkäfer, Else Marie Bülau
53 Häschen Löffelohr
55 Die Wackelgans
57 Die Fingervögel
61 Im Bächlein
61 Fische erwischen!
63 Dideldideldänzchen
66 Fränzchens Dackel
69 Ein Kri-Kra-Krokodil
72 Alle meine Fingerlein wollen heute Tiere sein
74 Zehn kleine Zappelmänner
74 Großer, dicker Zwerg
75 Schnick und Schnack
75 Himpelchen und Pimpelchen
76 Zauberer Schrappelschrut
79 Oben auf dem Berge
85 Kasperltheater
91 Die Knospe
98 Wenn's regnet
105 Mein Häuschen ist nicht gerade
115 Fünf Finger
115 Fünf kleine Zwerge
139 Igels machen sonntags früh
164 Der klitzekleine Schelm
172 Sieben kleine Sterne
176 Es wird bald Abend sein
176 Ins Bettlein
185 Bevor wir auseinandergehen
185 Alle Leut, alle Leut

BEWEGUNGSSPIELE

14 Große Uhren machen …
14 Schön, dass du da bist!
20 Ringel, Rangel, Rose
20 Ringel, Ringel, Reihe
20 Ringel, Rangel, Rosen
22 Das Karussell
22 Leis, leis, leis
22 Kletterbüblein, Friedrich Wilhelm Güll
26 Ein kleiner Zaubermeister
26 In den Brunnen gefallen
27 Es geht eine Zipfelmütz …
28 Das ist gerade, das ist schief
29 Mit Fingerchen
32 Zeigt her eure Füße
36 Alles, was fliegen kann
41 Wind, Wind, Wind
51 Bim, bam, bommel
66 Mein Dackel Waldemar
67 Leise, leise, wie die Kätzchen schleichen

- 67 Ein Bauer hatte einen Hund
- 68 Was müssen das für Bäume sein
- 69 Ich bin ein dicker Tanzbär
- 70 Hoppe, hoppe Reiter
- 70 Hopp, hopp, hopp
- 71 Hopp, hopp, hopp, Pferdchen, lauf Galopp!, Karl Hahn
- 77 Bi-Ba-Butzemann
- 86 Rolle, Bolle, Rumpelsack
- 104 Ich hol mir eine Leiter
- 130 Auf der Eisenbahn
- 130 Tuff, tuff, tuff, die Eisenbahn
- 131 Schotter fahren
- 131 So fahren die Damen
- 134 Die Räder am Bus
- 135 Die Maus hat rote Strümpfe an
- 138 Ein Schiffchen
- 164 Plumps
- 174 Ich bin der kleine Hampelmann
- 184 Wir klatschen jetzt auf Wiedersehn

GEDICHTE

- 16 Wie sich Schmetterlinge küssen, Jutta Richter
- 38 Keine Lust zu essen?
- 38 Morgens früh um sechs
- 48 Herr Löffel und Frau Gabel, Christian Morgenstern
- 50 Die Wohnung der Maus, Johannes Trojan
- 53 Im Park, Joachim Ringelnatz
- 58 Warum sich Raben streiten, Frantz Wittkamp
- 59 Zwiegespräch, Gustav Falke
- 59 Die fünf Hühnerchen, Victor Blüthgen
- 60 Das Huhn und der Karpfen, Heinrich Seidel
- 68 Ein Federchen flog durch das Land, Joachim Ringelnatz
- 78 Im Lande der Zwerge, Heinrich Seidel
- 78 Im Lande der Riesen, Heinrich Seidel
- 82 Ein sehr kurzes Märchen, Michael Ende
- 84 Das Hexen-Einmaleins, Johann Wolfgang von Goethe
- 88 Die Monate
- 88 Die Jahreszeiten
- 89 Die vier Brüder, Karoline Stahl
- 91 Vogelfrühling
- 91 Die Knospe
- 92 Die Tulpe, Josef Guggenmos
- 94 Unterm Baum, im grünen Gras
- 96 Der Mai ist gekommen, Emanuel Geibel
- 99 Hundertzwei Gespensterchen, James Krüss
- 100 Liebe Sonne, scheine wieder, Hoffmann von Fallersleben
- 102 Sommer, Ilse Kleberger
- 103 Mückentanz, Hoffmann von Fallersleben
- 105 Herbst
- 106 Kinderfest im Herbst, Hoffmann von Fallersleben
- 111 Unser Vogelhaus
- 111 Die drei Spatzen, Christian Morgenstern

112 Puck und Pitz
114 Weihnachtsschnee, Paula Dehmel
116 Knecht Ruprecht, Theodor Storm
119 Das Wunderschloss, Adolf Holst
123 In meinem kleinen Apfel
123 Das Weihnachtsbäumlein, Christian Morgenstern
124 Der Weihnachtsmann, Clement Clarke Moore
127 Vom Christkind, Anna Ritter
128 In der Neujahrsnacht, Joachim Ringelnatz
137 Die Ameisen, Joachim Ringelnatz
165 Wenn das Lama wütend ist, Monika Rieger
172 Sieben kleine Sterne
173 Ich weiß einen Stern, Josef Guggenmos
177 Wer hat die schönsten Schäfchen?, Hoffmann von Fallersleben
183 Lied vom Monde, Paula Dehmel

KLEINE VERSE

42 Dich mag ich!, Frantz Wittkamp
46 Annele, Bannele
46 „Aua!", schreit der Bauer
47 Spannenlanger Hansel
47 Meine Mu, meine Mu
47 Jakob Zottelbär
51 Wer kommt?
55 Die lieben Gänslein
55 Oje, oje
63 Kleiner grauer Esel
63 Muh, muh, muh!
76 Wichtchen
83 Eine kleine Hexe
94 Osterhäschen dort im Grase
95 Ein Osterei
96 April, April
97 Muttertagsgedichte
100 Es wird wieder schöner sein!
112 Der Schneemann
120 Advent, Advent, ein Lichtlein brennt
120 Christkindchen
135 Ein Auto fährt
138 Ein Seehund
158 Heile, heile Gänschen
158 Heile, heile Kätzchen
159 Heile, heile Segen
159 Drei Tage Sonnenschein
159 Genug vom Weinen
160 Morgen ist es längst vorbei
160 Denkt euch nur, der Frosch ist krank
160 Wo tut's weh?
161 Ene, mene, minke, tinke
164 Schluckauf und ich

179 Ins Bett geschwind
179 Schlaf, mein kleines Mäuschen
179 Kommt ein Traum gesegelt

QUATSCHGEDICHTE

83 Ich ging einmal nach Butzlabee
95 Der Osterhase
142 Dunkel war's, der Mond schien helle
143 Drei Hasen tanzen im Mondschein, Christian Morgenstern
143 Eine Kuh, Gustav Falke
143 Am Brunnen vor dem Tore
144 Mit Knöpfen kann man knöpfen, Paul Maar
144 Wenn die Möpse Schnäpse trinken, James Krüss
145 Großus Bärus
145 Gedicht in Bi-Sprache, Joachim Ringelnatz
146 Das Königreich von Nirgendwo, James Krüss
161 Auf dem Berge Sinai

ABZÄHLREIME

150 Viele kleine Abzählreime
152 Auf einem bi-ba-bunten Berge
152 Auf einem Gummi-Gummi-Berg

34 GEBURTSTAGSLIEDER

44 TISCHSPRÜCHE

97 MUTTERTAGSGEDICHTE

148 SCHÜTTELREIME UND ZUNGENBRECHER

154 SCHERZFRAGEN

166 MUTMACHSPRÜCHE

184 ZUR VERABSCHIEDUNG

Quellen

Michael Ende, Ein sehr kurzes Märchen. Aus: Michael Ende, Die Schattennähmaschine.
© 1982 Thienemann in der Thienemann-Esslinger Verlag GmbH, Stuttgart

Heino Gaze, La-Le-Lu.
© 1950 Peter Schaeffers Musikverlag, Berlin – München

Josef Guggenmos, Die Tulpe; Ich weiß einen Stern. Aus: Josef Guggenmos, Oh, Verzeihung, sagte die Ameise.
© 1990, 2018 Beltz & Gelberg in der Verlagsgruppe Beltz, Weinheim Basel

Lieselotte Holzmeister, Durch die Straßen auf und nieder. Aus: Liselotte Holzmeister (Text), Rudolf Richard Klein (Ill.), Herbst- und Martinslieder.
© Fidula-Verlag

Ilse Kleberger, Sommer.
© bei der Autorin

James Krüss, Das Königreich von Nirgendwo. Aus: James Krüss, Mein Urgroßvater und ich.
© Verlag Friedrich Oetinger GmbH, Hamburg

James Krüss, Hundertzwei Gespensterchen; Wenn die Möpse Schnäpse trinken. Aus: James Krüss, Der wohltemperierte Leierkasten.
© 1989 cbj Verlag, München, in der Penguin Random House Verlagsgruppe GmbH

Paul Maar, Mit Knöpfen kann man knöpfen. Aus: Paul Maar, JAguar und NEINguar.
© Verlag Friedrich Oetinger, Hamburg

Clement Clarke Moore, Der Weihnachtsmann.
© an der Übersetzung bei Kristina Franke

Jutta Richter, Wie sich Schmetterlinge küssen.
© bei der Autorin

Monika Rieger, Wenn das Lama wütend ist.
© bei der Autorin

Fredrik Vahle, Der Katzentatzentanz.
© 2003 Beltz & Gelberg in der Verlagsgruppe Beltz, Weinheim Basel

Frantz Wittkamp, Dich mag ich!; Ich freue mich …; Warum sich Raben streiten.
© beim Autor

Rolf Zuckowski, Wie schön, dass du geboren bist.
© 1981 mit freundlicher Genehmigung MUSIK FÜR DICH Rolf Zuckowski OHG, Hamburg

Wir danken den Verlagen und Autor:innen für die freundliche Abdruckgenehmigung.